JN221012

準備いらずの

クイック

教室&外遊び

大集合BOOK

木村 研【編著】

子どもの気持ちをギュッとつかむ遊び BEST86

いかだ社

楽しさ 2 in 1

　この本は、2003 年出版の『準備いらずのクイック教室遊び』『準備いらずのクイック外遊び』（どちらもいかだ社刊）の 2 冊を合本したものです。教室や体育館、校庭や遠足など、子どもたちが学校生活で過ごすどの場所でも楽しめる遊びが 1 冊になりました。

　ボクは、先生に向けた本を書く時にいつも「先生と児童のいい関係（信頼関係）が生まれたらいいな」と思っています。『教室遊び』『外遊び』は、まさにそんな願いが強くあってつくった本です。

　まずは遊んでみてください。遊ぶといろんな発見があるはずです。発見があると楽しいでしょう。楽しければ、子どもたちは先生を慕ってくるでしょう。きっと子どもたちとのいい関係が生まれると思います。

　遊び方やルールはかんたんで基本的なものばかりです。場所や目的に応じてぜひおためしください。紹介した遊びを自由に料理して、いいクラスづくりにつなげていただけたら嬉しく思います。

2015 年 1 月

木村 研

目次

外遊び

出かける時の仕度がそのまま遊びの道具に早変わり！　98

1　校庭や公園ですぐできる遊び

2　お弁当の後にぴったりの遊び

3　野山に行ったらやりたい遊び

教室遊び

　準備がいらないということは、すばやく子どもの心をつかめることだと思っています。子どもたちの心がつかめたら、先生の思いもよく伝わるでしょう。

　すばやくつかむという意味では、落語の「まくら」に似ているかもしれません。落語といえば、噺家さんはその日のお客さんを見て演目を決めることもあるそうです。先生方も、子どもたちの気分を見極め、集中させ、やる気にさせてすばらしい授業をしてもらえるといいですね。

　空き時間に教室でやることを念頭に、この章では、静かに集中して、しかも熱中できる遊びをたくさん用意しました。教科書・ノート・黒板・席順ほか、教室にある材料や条件で取り組めるものばかりです。

いきなりモンタージュ

ねらい♥こんな時に

モンタージュは、記憶を呼び起こしてつくる写真のことですが、ところがこの記憶、意外とあいまいなもの。日頃、見ているようでいかにものを見ていないかがわかります。教室が落ち着かない時などにおためしください。

声かけ◆導入

「今朝の校長先生がどんな格好していたか、おぼえている人はいるかな？」

朝礼や全校集会、教室に入った後など、子どもたちはおしゃべりをしたり騒いでいたりでなかなか授業に入れないことがありますね。

そんな時、いきなり子どもたちに聞いてみましょう。

展開

「あのねえ。ネクタイしてたよ」「そうそう、色は赤だったわね」「青線も入ってたよ」
と、子どもたちから次つぎに声が出てきますので、それを黒板に書いていきます。

「じゃあ、靴下の色は？」とか「手に何か持っていた？」と、みんなを教師のペースに引きこんでいきましょう。

結果◆発表

校長先生に教室に来てもらうか（事前にお願いしておく）、休み時間に子どもたちの代表が校長室まで調べにいくとよいでしょう。

効果◆発展◆アドバイス

●子どもたちが、ものをよく見る目を養ってくれるといいですね。人物だけでなく、自然のものや出来事にも関心をもつきっかけになるように、あとは教師がリードしてください。

煮えたか焼けたか食べてみな

ねらい♥こんな時に

1分間の長さを当てる時間遊びです。ごっこ遊びの要素も取り入れ、より楽しくしました。子どもたちが騒いで落ち着かない時などにやると効果的。静かな時間がもてるでしょう。

声かけ♣導入

「先生が、今からみんなにごちそうしますよ」

子どもたちが「何を？」と聞き返したら、任意の料理名を言い、ルールを説明します。「今日はお雑煮がいいわね。このお雑煮は、1分で煮え（焼くものは焼け）ます。みなさん目を閉じてください。そして、煮えた（1分たった）と思った人は、静かに手をあげて先生に知らせてください」と言って、時計を見てスタートの合図をします。

展開

1分未満で手をあげた子には、「○○くん。もう食べますか、まだ生煮えですよ」とか「まだまだかたいけど、歯は大丈夫？」などと声をかけます。ピッタリの子がいたら、「おめでとう。ちょうど美味しく煮えました」と言って、みんなに目を開けさせます。手をあげなかった人は、煮え過ぎです。

結果♣発表

それぞれその煮え具合の食べ方で食べるように言って、「さあめしあがれ」と勧めます。演技の上手な子はほめてあげるといいでしょう。

効果◆発展◆アドバイス

●静かに体内時計を計ることによって、子どもに落ち着きをとりもどすことができます。

11

食べ物ジェスチャー

ねらい♥こんな時に

子どもたちが集中しないでいる時、注目させるようにやってください。「先生なにしてるんだろ？」と子どもが気になって教師を見たらスタート。あとは教師の演技しだい。

声かけ♣導入

　教師が、いきなり食べるジェスチャーを始めます。

　子どもたちが気づいてきたころ、

　「これ、先生が今一番食べたいものなんだ。みんなはわかるかな？」とか「先生が夕べ食べたものなんだけどわかる？」と言って、再びジェスチャーを続けます。

展開

　ジェスチャーといっても、「つるつる」「ポリポリ」の擬音は出していいでしょう。「ラーメン」「スパゲッティー」「うどん」など、子どもたちからいろんな声が出てくるでしょう。教師は「うどん」と答えさせてもいいし、様子を見て「力うどん」とか「鍋焼きうどん」と答えるようにさせてもいいですね。

結果♣発表

　正解が出たらみんなでジェスチャー。一緒にそのごちそうを食べるジェスチャーをしてみましょう。

効果◆発展◆アドバイス

●これは教師がやるジェスチャーです。子どもたちの様子をよく知っている先生がやるのですから、子どもたちに答えやすいようにもできます。

●「うどん」という簡単な正解でもいいし、「おかめうどん」など当てにくい正解にしてもおもしろい。おかめのジェスチャーも取り入れるなど、より楽しく演出を加えるとよい。

リズム机たたき

ねらい♥こんな時に

テンポよく教師が言うことばにあわせて机をたたくリズム遊びです。心地よいリズム感を味わえる上に、ユーモアもたっぷりです。子どもは教師が何を言うか耳をかたむけ、集中してきます。

声かけ＊導入

「これから先生がいろんなものの名前を言います。みんなは、食べられるものの時は机をたたいてください。食べられないものの時はたたかないでください」

子どもたちは机の上に両手を出し、浮かせた状態にしておきます（手はグーでもパーでもよい）。

声かけをして、少し練習をしてから始めます。

展開

子どもがたたきやすいように、教師はリズミカルにことばを言いましょう。

「あんパン。しょくパン。フライパン。フランスパン。乾パン。残飯」や「ポッキー。クッキー。ラッキー。シャンプー。カレーライス」など自由に続けてください。

結果＊発表

食べられないものの時に机をたたいた子がいたら、

「へえ。○○さんはそういうものが好きですか。じゃあ食べてみてください」などと息抜きをおりまぜて、また続けましょう。

効果◆発展◆アドバイス

●子どもが教師に集中してきた頃あいをみて授業に入ると効果的。

●なれてきたら子どもたちが出題者になるといいですね。

●語呂のいいことばを続けてまちがいをさそうと楽しい。

あるなしゲーム

ねらい♥こんな時に

ちょっとした物知りにもなれるリズム遊び。教師の言うことばにあわせて机をたたく「リズム机たたき」の応用です。教師のリズムに同調するうちに、みんなの意識も教師に集まりまとまってきます。

1 先生のペースにもっていける遊び

声かけ♣導入

　遊び方は「リズム机たたき」（p.14）と同じです。

　ただ、机をたたく時は「ある」、たたかない時は「ない」と、言いながらやります。

　教師がある場所（お店など）を決め、説明をして始めます。「そこにあるものの時は、机をたたいて『ある』、ない時は机をたたかないで『ない』と言ってください」

展開

【例】「では、魚屋さんにあるもの」

　「さんま（「ある」トン）。いか（「ある」トン）。さざえさん（「ない」静止、というように。以下同）。いわつばめ。あしか。あさひ。めだま。めばる。まぐろ。とびら。とびうお。ぶり。ぶた」

　とにかく自由に続けましょう。

結果♣発表

　失敗した人はそこで終わりです。最後まで残った人の勝ちになります。

効果◆発展◆アドバイス

●なれてきたら子どもたちが出題してもいいでしょう。

●頭の回転もよくなるかもね。

●子どもたちに毎日交代でやらせても楽しい。

ごちそうしましょう

ねらい♥こんな時に

「食べ物ジェスチャー」（p.12）で子どもたちがのってきて、時間にも余裕があったらみんなでやってみましょう。

食べ物の絵や名前を書いた「食べ物カード」をつくっておいたり、あみだくじでやってもいいでしょう。

声かけ♣導入

　「ごちそう食べたい人？」
と聞いて、1人に前に出てもらいます。
　「さ、みんなにごちそうするものを選んでください」
　「カード」をつくってある場合は、みんなにわからないようにカードを1枚引いてもらいます（なければ耳うちで伝える）。
　「では、そのごちそうは何でしょう。みんなにジェスチャーで教えてあげてください」

展開

　カードを引いた人は、ジェスチャーでみんなに教えます。もちろんしゃべってはいけません。「うなぎ」「おもち」「焼き鳥」など、いろんな答えが出てくるでしょう。

結果♣発表

　当たったらそこで終了。そのカードをみんなに見せて正解を確認します。そして、「○○ちゃん、ごちそうになりまーす」と言って、みんなも一緒にジェスチャーで食べましょう。

効果◆発展◆アドバイス

●絵が苦手なら、チラシなどを集めておくとよい。あみだくじは、子どもたちから食べたいものを聞いてつくると、子どもたちの関心がいっそう強くなるでしょう。

19

友だちビンゴ

ねらい♥こんな時に

新しいクラスになったらできるだけ早くみんなの名前をおぼえたいですね。そんな時に役立つ自己紹介遊びのいくつかを紹介します。楽しくおぼえられる上に、初めてのクラスで不安な子どもの緊張感をやわらげます。

声かけ♣導入

５×５マスのビンゴ表をノートに各自書いてもらいます（あらかじめビンゴ表をつくっておいてもよい）。そして、

「そのマスの中に、クラスの友だちの姓名（同姓の人がいた場合ちがいがわかるように）を書いてください」と言います。人数が少ない時は４×４マスでもいいし、逆に多くしてもよい。

展開

全員が書き終わったら、教師はサイコロを出して、机の上で２回振ります。１回目が横、２回目が縦の列として、出た数字の席にいる人を特定します。たとえば、３、５なら右から３列目で前から５番目となり、そこに座っている人の名前をみんなが言います。その人を書いていた人はその名を消します。

ビンゴ表の縦横斜めが４つ（あと１つ）になったらリーチで、そろったらビンゴになります。

結果♣発表

一番早くそろった人の勝ちとします。

全員がビンゴになるまで続けましょう。

効果◆発展◆アドバイス

●サイコロがない時は、トランプを使ってもよい。その場合、縦用、横用を決めておいてから１枚引くようにします。

マスに友達の名前を書く。

右から三列目、前から三番目の人はだれかな？

わたなべさんだー！

あった！

わーい！ビンゴだ。

ビンゴ！

わたなべさん……あった‼これを消してと…

21

ていねいなていねいな自己紹介

ねらい♥こんな時に

友だちの名前や席順をみんなにおぼえさせたい時などにやってみましょう。楽しみながらおぼえられますよ。ちがうクラスや異年齢集団で顔をあわせた最初にやるのもいいでしょう。

声かけ♣導入

「これからていねいな自己紹介をしてもらいます」と言ってから、順番を決めます。

「前の人の自己紹介も入れた自己紹介をしてください。あとになるほど大変ですが、順番をかえ、みんなが友だちの名前をおぼえるまで、毎日やりましょう」と、最初の人を指名します。

展開

最初の人は名前だけ言います。「赤木です」

次の人は、「赤木さんの後ろの伊田です」と続けます。

「赤木さんの後ろの伊田さんの後ろの遠藤です」

「赤木さんの後ろの伊田さんの後ろの遠藤さんの後ろの岡本です」と続け、横に行ったり前に行ったりする場合は、そのように言葉を続けていきます。

結果♣発表

暗記してやるわけではないので、名前さえおぼえたら位置は見ながら言えるでしょう。目をつぶってやろうとなれば、自由にルールをつくってやってください。

効果◆発展◆アドバイス

●体育館や野外などで、初めて出会った人たちとやってもいいですね。その時は、4〜5人の円になって、「赤木さんの隣の金子さんの隣の種田さんの隣の木村です。よろしく」と自己紹介します。

23

席がえ神経衰弱

ねらい♥こんな時に

解答者が目をつぶっている間に、数人がこっそり席がえします。だれがどこに移動したかわかるかな？　友だちの席はいつもどこだったっけ？　ふだんからクラスメートに関心をよせる気持ちを育みます。

声かけ✦導入

「みんなが友だちのことをどれだけおぼえたか、神経衰弱のゲームをやります」

1人ずつ（出席順でかまいません）前に出てもらい、みんなの顔と席順をおぼえてもらいます。

おぼえたら目をつぶってもらって、

「今から6人（人数は自由）の人、席をかわってくださーい」と教師が言います。6人は教師が指名してもいいし、子どもが立候補してもよい。

展開

6人が席をかわったら、目を開けてもらい、

「さあ、誰が席をかわったのかを当ててください」と教師が質問します。

結果✦発表

新しいクラスなら、順番に1人1人名前を言って、移動したか移動していないかを答えよう。みんなが答えられるまで毎日続けるといいでしょう。低学年は、1人か2人から始めてもいいし、答える人をグループにしてもよい。

効果◆発展◆アドバイス

●あらかじめ、はがきサイズの名刺を1人が2枚ずつくっておき、トランプの神経衰弱やいも掘りのように全部を伏せて、2枚ずつめくって同じカードがでたらもらえるようにして遊ぶのも楽しい。

それは私です

ねらい♥こんな時に

オリジナルの自己紹介の名刺をつくり、クイズ形式にしてだれのことかをみんなで当てます。誕生日や趣味などいろいろな項目を設けるので、1人1人の人となりをよりくわしく知ることができる効果があります。

声かけ♣導入

「自分の名刺カードをつくりましょう」と声をかけ、みんなで名刺をつくります。

まず、名刺の大きさを決めます（はがきサイズ、B5判など）。紙は教師が用意しておくといいでしょう。次に名刺に書くことを決めます（名前、誕生日、性別、好きな色、好きな食べ物、好きなスポーツ、将来の職業、失敗談、など。決めないで自由に書いてもらってもよい）。

カードができたら集めて始めます。

展開

教師がカードを1枚抜き、すぐ答えがわからないところからカードを読んで、答えがだれか質問します。

「どうやらこの人は朝御飯を食べて来なかったみたいですね」とか「へえ、将来の夢は漫画家ですか」と、名刺に書いてあることを紹介していきましょう。答えがわかっても、自分の名刺の場合は答えないようにします。

結果♣発表

正解がでたら、その名刺を最初から読んで、本人のことも紹介しましょう。

効果◆発展◆アドバイス

●自己紹介カードを毎日つくっても楽しいですね。今日の気分や、朝御飯のことなどでつくると、日記がわりにもなります。

ことばの似顔絵、だーれだ

ねらい♥こんな時に

ことばをヒントに頭の中に似顔絵を描いてもらいます。友だちのことをよく観察するでしょう。答える人もみんなのことをよーく思い浮かべます。友だちをおぼえる時にやってみましょう。

声かけ♣導入

「ヒントを聞いて頭の中に似顔絵を描いてください。だれのことか当ててね」

4〜5人の人を前に呼び、目をつぶってもらいます。その間に、着席している人たちの中から似顔を描いてもらう人を選びます。

展開

「今決めた人の似顔を描いてもらいます。そこで、ヒントがほしい人は、手をあげて質問をしてください」

子どもたちは、順番にみんなに質問をしていきます。

「その人はスカートをはいていますか？」

『はいてませーん』

「じゃあ、男の子ですね？」

『ちがいまーす。かわいい女の子です』などの質問をして、わかったところで答えます。

結果♣発表

「わかった、○○ちゃんでしょう」。正解なら「そうでーす」。ちがったら「ちがいまーす」と答え、当たるまで続けましょう。

効果◆発展◆アドバイス

●人物だけでなく、「ゴジラ」「とうふ」「めがね」「へび」など、あらかじめカードをつくっておくとよい。

28

いきなり漢字テスト

ねらい♥こんな時に

漢字をおぼえるきっかけをつくる遊びです。漢字をおぼえさせたい時にやってみましょう。子どもたちは喜んで、ゲーム感覚で漢字さがしをするでしょう。遊びなら、漢字の学習も苦にならないですね。

声がけ♣導入

　「いきなり漢字テストやります」

　子どもたちが全員同じ教科書を開いている時に、こう切り出します。

　「教科書の○○ページの○行目の最初に出てくる漢字はなんでしょう？」と、出題します。

展開

　子どもたちは急いで教科書のページをめくって調べ始めます。

　さがし出した人から読みあげます。

結果♣発表

　みんなが確認できたら、また次の問題を出します。

　見つけたら、みんなでノートに書いてその漢字をおぼえましょう。

効果◆発展◆アドバイス

●子どもたちが交代で出題者になるのもいいですね。
●国語だけでなく、理科や社会などの教科書でもやって、たくさん漢字をおぼえましょう。

いきなり読書

3 集中&リラックス　授業中に楽しむ遊び

ねらい♥こんな時に

すすんで教科書を読ませたい時、読書をさせたい時にやってみましょう。ふだんは朗読が苦手な子でも、これなら積極的に読書に取り組むようになります。休み時間を引きずってなかなか授業に入れない時にも。

声かけ✦導入

　授業が始まっても子どもたちの準備ができていない時に、いきなり
「教科書の○ページの○行目から読んでください」と、声をかけましょう。

展開

　子どもたちは先を争ってページをめくり、早く見つけた人から起立して声をあげて読み始めます。

　これは順位を競うゲームではありません。ページを開いた人は、先に読み始めた人を追いかけるように声をあわせて読みましょう。

結果✦発表

　早く見つけた人はほめてあげましょう。全員が見つけて読み始めるまで続けます。

効果◆発展◆アドバイス

●グループでやってみよう。グループで大きな声を出しても楽しい読書になるでしょう。
●子どもを授業に集中させるとともに、読書が楽しいと思えるように導いてください。

名前さがしゲーム

ねらい♥こんな時に

友だちの名前をおぼえる時、自己紹介をする人を決める時などでも生かせる、教科書を利用した漢字さがしです。名前を唱えるようにさがすから、なかま意識も強くなるかも。

声かけ♣導入

だれかが自己紹介をする際など、その人の名字や名前の1文字を黒板に書くか読み上げ、名前さがしをしましょう（2文字にするか、名字にするかなどは教師が判断すればよい）。

たとえば、新沼くんという転校生を紹介したあと、「新沼くんの沼という漢字を教科書の中からさがしてください。早くさがした人が勝ちです」と、ゲームをスタートさせます。

展開

子どもたちは教科書をめくって「沼」をさがします。

だれかが見つけたら、みんなで確認します。

結果♣発表

正解なら、一番早く見つけた人のことも紹介します。順番を決めて、毎日やってみましょう。

学年によっては、ひらがなや単語さがしでもいいですね。

効果◆発展◆アドバイス

●「名探偵ゲーム」

グループごとに古新聞を持ってきます。先生が、ニュースや季節的なことから記事に出てきそうな字（たとえば春なら「1年生」「新人」「桜」など）をさがしてください、と出題します。時間を決めて、多く見つけたグループが勝ちです。

教科書リレー

ねらい♥こんな時に

気分転換に席についたままできるリレーです。授業にあきてきて注意力散漫な時におすすめ。どの列のチームワークが一番かな？遠足のバスの中ででもできるのでおためしください。

声かけ♣導入

「列ごとをチームにして、リレーをしましょう」と声をかけ、一番前の人だけ教科書を片手の手の平にのせるように言います。

教師のスタートの合図で、教科書を後ろの人に渡していきます。

展開

受け取る人も、片手しか使えません。右ページの絵のように、本をのせた手をくるっと返して、後ろの人の手の平に上手にのせます。2人でタイミングをあわせ、相手の手の平と自分の手の平ではさむようにして受け取りましょう。

低学年の場合は、お互いの手の平ではさんでから手首を返すとやりやすいでしょう。

落としたら、もう一度手の平にのせてやり直しです。

結果♣発表

一番早く最後尾の人が受け取ったチームが勝ちです。

効果◆発展◆アドバイス

●教科書だけでなく、いろんなものでやってみよう。体育館などではドッジボールを使って同じようにやってみるのも楽しい。ボールを落としたらころがっていっちゃうよ。

鏡文字で書こう

ねらい♥こんな時に

文字を鏡にうつすと、字が逆になって見えますね。これが鏡文字。なかなかおぼえられない字でも、鏡文字で遊べば、もう忘れないでしょう。文字や漢字をおぼえるためにやってみましょう。

声かけ♣導入

あらかじめ、コピー用紙などのうすい紙を用意しておき、全員に配ります。子どもたちには、油性ペンを用意してもらいます。

子どもたちに鏡文字の説明をしてから始めます。

鏡文字で書いてもらいたい文字を黒板に書き、スタートの合図をします。

展開

子どもたちは、用意した紙に大きく鏡文字を書きます。最初はあわてないで、正しく書くことを心がけましょう。

結果♣発表

全員が書いたところで終了。答えあわせは1人1人が光に透かしてもいいですし、4〜5人ずつ前に出て黒板に貼り、みんなで確かめあってもいいですね。

正しく書けていたら正解です。また、競争にするならば、正解したら1点得点、としてもいいですね。

効果◆発展◆アドバイス

●なれてきたら、熟語や詩、俳句なども鏡文字で書いてみても楽しいですよ。鏡文字で書きたいから、詩や俳句が好きになるかもしれませんね。

書きとりジャンケン

ねらい♥こんな時に

漢字の学習に役立つ遊びをもう1つ。先生とジャンケン勝負をして、勝ったら1画ずつ漢字を完成させていきます。早く書きあげた人が勝ちですよ。遊びながら漢字の画数や書き順をおぼえることができます。

声かけ♣導入

　子どもたちにノートの用意をさせ、「書きとりジャンケンをしよう」と言って、まず、出題する漢字の勉強をします。

　特に、画数、書き順はみんなで練習してからやりましょう。見本は、黒板に書いておくとよいでしょう。

　用意ができたら、教師は手を高くあげて、みんなとジャンケンの勝負をします。

展開

　「ジャンケン、ポン」

　教師に負けた子、あいこの子は手を下ろします。

　教師に勝った子だけが、ノートに漢字の1画を書きます。ジャンケンを続けて、早く出題の漢字を書き終えた子の勝ちとなります。

結果♣発表

　全員が書き終わるまで続けます。1度書き終えた子も、2字目、3字目と書いていきましょう。

　早かった人だけでなく、多く書いた人も別の勝ちとしてあげてもいいですね。

効果◆発展◆アドバイス

●正しく漢字をおぼえられるでしょう。
●友だちの名前などを使ってやってもいいですね。

41

いきなりビンゴ

ねらい♥こんな時に

授業で習ったことの復習をビンゴゲームで遊びながらやってみましょう。ここでは都道府県の名前を例にとっていますが、学習の進み具合によって、また科目によっていろいろと出題できますね。得点表や賞品を用意しても楽しい。

声かけ♣導入

　たとえば、都道府県の名前を復習したい時。いきなり、「ビンゴをしますから、おぼえた都道府県を、どこでもいいですからノートに5つ書いてください」と言います。

　わからない子は、地図を見ても調べてもかまいません。全員が書き終わったら始めます。

展開

　「先生が読みあげる都道府県があったら、えんぴつで消してください」

と説明して、任意の都道府県を言っていきます。

　4つ消した人は、「リーチ」と言って立ちます。

　また続けます。

　5つ消した人は「ビンゴ」で勝ちです。

結果♣発表

　全員が終わるまで続けましょう。

効果◆発展◆アドバイス

●子どもたちが、自分たちの消したいものを順番に1つずつ読みあげる方法もあります。

●いろんな科目でやってみましょう。「漢字」「哺乳動物」「花」「星座」「色」「画家」「タレント」「寿司ネタ」などを取りあげてもいいでしょう。

いくつ書けるかな

ねらい♥こんな時に

先生が出題したテーマでいくつのことばを思いつくかな。班やグループの全員が知識をもちよって協力しあわないと勝てません。なかま意識を育てるのにいい遊びです。調べ学習でもやってみましょう。

3 集中＆リラックス　授業中に楽しむ遊び

声かけ♣導入

　班またはグループにわかれます。

　教師が、３〜４つのお題を出して、

「思いつくだけノートに書きだしてください」と言います。

【例】動物、食べ物、教科書に載っている人物、花

飛べない鳥、オリンピックの種目、給食のメニュー、果物、漫画の主人公の名前、昆虫、駅名、〇年生で新しく出てきた漢字など。

展開

　子どもたちは、机の上で考えても調べに行ってもよいとするか、その場で班員の知恵を出しあって考え、競争してもよい。

結果♣発表

　制限時間（５分くらい）がきたら終了。答えあわせは、班ごとに読みあげます。みんなで「あるある」「ないよ」と確かめ、一番多く書きだしたチームの勝ちとします。

┌　効果◆発展◆アドバイス　┐

●自分の知らなかったことばや名前をたくさん知ることができます。

●調べ学習をして勝ったチームには発表してもらってもいいですね。

●班ごとに、自分たちが得意なお題を出題してもいいでしょう。

45

なりゆきリレー俳句 A

ねらい♥こんな時に

授業の合間に楽しむことば遊びです。俳句を
ゲーム感覚でつくってみましょう。
勉強ではないので、季語などにはこだわらず、
自由に楽しい句がつくれればよいでしょう。

声かけ♣導入

「これからみなさんに俳句をつくってもらいます」

子どもたちに声をかけ、2人ずつのチームにわけます。

「先生が、まず黒板に5文字を書きますから、続く7文字、5文字を考えてください」と言ってはじめの5文字を黒板に書きます。

たとえば「おとしだま」と。

展開

それぞれのチームの1人が、それにつなげて7文字を書き、もう1人の相棒に渡します。もう1人が5文字を書いたら出来上がり。2人で相談してもよいとします。

【例】　先生……おとしだま
　　　　児童A…おにいさんより
　　　　児童B…おおかった

結果♣発表

チームごとに発表してもらいます。

教師はできるだけほめてあげましょう。どうほめるかは、教師の腕次第。楽しいところをたくさん見つけられるといいですね。

効果◆発展◆アドバイス

●俳句としての出来具合よりも、楽しさを味わうことに力点を置いて取り上げましょう。
●俳句に親しみをもつようになればしめたもの。

46

47

なりゆきリレー俳句 B

ねらい♥こんな時に

はらはらどきどき楽しみたい時の俳句遊びです。1列のチームで協力して俳句をつくりましょう。「なりゆきリレー俳句A」とちがい1人1音ずつ考えるので、どんな句ができるのか最後までわかりません。

3 集中＆リラックス　授業中に楽しむ遊び　用意するもの▼紙

声かけ♣導入

机の1列ごとをチームにします。

「リレーで俳句をつくってもらいます。1人が書くのは1文字です。書いたら後ろの人に回して、一番後ろまで行ったらまた前に紙を回します」と言って、一番前の人に紙を配ります。そして、最初の1文字を教師が言います。

展開

たとえば「お」とします。最前列のそれぞれがまず紙に「お」を書き、次の1字を考えて書きます。「おと」「おも」「おに」といろいろ出てくるでしょう。

それを後ろの人に回します。次の人も続けて1文字を書き、後ろへ回します。「おとこ」「おとし」などになるでしょう。後ろの人は5・7・5になるようにうまく仕上げていきます。

どうしても思いつかない時はパスや相談してもよい、としておきます。

結果♣発表

チームごとに発表して感想を言いあいましょう。

効果◆発展◆アドバイス

●1チームごとに前に出てやると、ほかの子どもたちも一緒に考えたり推理できますね。
●なれてきたら、季語などを入れるように注文をつけてもいいでしょう。

48

早口ことばラリー

ねらい♥こんな時に

子どもたちの負けん気をかきたてる遊びです。最初に教師対全員で練習してみたら、班対抗でやってみましょう。グループの団結が求められますから、何度も練習してください。見本を示す先生も練習をお忘れなく！

4 班やグループ対抗で競う遊び

声かけ♣導入

まず教師が上手に早口ことばを言って見本を見せます。「みんなはできるかな？」と問いかけます。子どもがのってきたら、「先生の言う早口ことばのあとに3回続けて、大きな声でくり返してね」と言います。

展開

「生麦生米生卵」と教師が言って、子どもたちが3回くり返します。失敗したらもう一度やり直しです。

失敗せずにできたら、手拍子などでリズムをとりながら次の早口ことばを言います。

「坊主が上手に屏風に坊主の絵を描いた」「かえるピョコピョコ三ピョコピョコあわせてピョコピョコ六ピョコピョコ」「東京特許許可局」「赤巻紙青巻紙黄巻紙」「隣の竹垣に竹立て掛けたかったのは竹立て掛けたかったからだ」などいろいろありますね。

結果♣発表

同じことばを何度もやってもいいし、1人ずつ挑戦してもよい。また新しい早口ことばを考えても楽しい。

効果◆発展◆アドバイス

●「今日、学校でこんなことやったんだよ！」と、子どもが家庭で学校の様子を話すきっかけにもなります。

書き文字伝言ゲーム

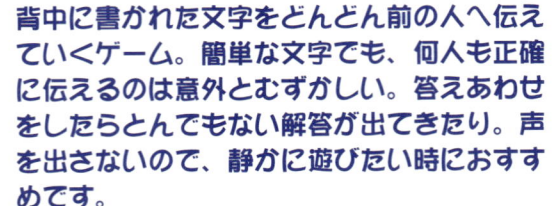

ねらい♥こんな時に

背中に書かれた文字をどんどん前の人へ伝えていくゲーム。簡単な文字でも、何人も正確に伝えるのは意外とむずかしい。答えあわせをしたらとんでもない解答が出てきたり。声を出さないので、静かに遊びたい時におすすめです。

4 班やグループ対抗で競う遊び 　**用意するもの▼紙**

声かけ♣導入

席の列が1つのチームです。

まず、全員が目をとじて机に伏せるように言います。

「一番後ろの人たちだけ目を開けてください」

教師は紙（または黒板）に1文字を書き、列の最後尾の人にだけ見せます。

展開

「前の人の背中にこの文字を書いて伝えてください」と指示します。

【例】「ゆ」「犬」「太」「ヌ」など、ひらがな、漢字どちらでも自由に。

同じように背中に書き、順々に前の人に伝えていきます。

結果♣発表

一番前まで行ったら終了。最前列の人たちは黒板に答えを書きます。正解のチームの勝ちです。

文字をかえて、何回戦かやるとよい。

効果◆発展◆アドバイス

●対戦表をつけて、「総合優勝」を設けても楽しい。

●順番をかえてみよう。前から後ろへ伝えたり、横の列でやったり。

●1文字だけでなく、名前や文章などにもトライしてみよう。

お話伝言ゲーム

ねらい♥こんな時に

ことば、それも文章を正確に伝える、ということはなかなかたいへんです。あせらず、よーく相手の話を聞くように指示してください。ないしょ話をするくすぐったさもまた魅力の遊びです。これも静かに遊びたい時にどうぞ。

声かけ♣導入

席に座ったまま、1列ごとをチームとします。

「一番前の人たちは前に出てきてください」

各チームの最前列の人を呼び、教師の書いた出題（文章）を見せます。

【例】「桃太郎が、お兄さんの金太郎のおにぎりを食べたら大いにおじいさんに怒られ、追いかけられ、大騒ぎで終わりになりました」など。学年に応じて文章の長さやむずかしさは調整します。

展開

文章をおぼえたら急いで席にもどり、耳打ちで後ろの人に伝えます。順々に後ろへ伝えていき、一番後ろの人はノートに書きます。

結果♣発表

各チームの最後尾の人が前に出て発表します。黒板に書いてもよい。まちがいなく正確に伝わったチームの勝ちです。まるでかけはなれた発表をするチームもあったりして、それはそれで大いに楽しいものです。

効果◆発展◆アドバイス

●この遊びをきっかけに話をきちんと聞けるようになるといいですね。

●子どもたちが文章をつくってもよいでしょう。

お話しりとり

ねらい♥こんな時に

しりとりとお話づくりをミックスしたもので、読書や作文に興味をもたせるきっかけにしたい遊びです。しりとりでつながった5つのことばを用いて、リレーでお話をつくっていきます。どの班が一番すてきなお話をつくるかな？

声かけ♣導入

教師が最初のことばを言い、班のメンバーがしりとりでことばを続けます。そこで出たことばを順に黒板に書きます（間をあけて横に書く）。

展開

そのことばを1人が1つ取り入れて、それぞれがお話になるように文を書いてつなげていきます。

【例】「あめ」「めがめ」「ねこ」「こま」「まち」としたら、

「あめがふっていました」

「めがねがくもってしまいました」

「めがねをふいてみると、ねこがあめのなかにいました」

「おじいさんはこまりましたが、ねこをだきあげました」

（「こま」ということばが入っていればよしとする）

「うちにくるか。おじいさんは、ねこといっしょに町のちいさなアパートにかえっていきました」

というように。

結果♣発表

できあがったら、班のメンバー全員で朗読します。

いい話ができたら紙芝居にしてみましょう。

効果◆発展◆アドバイス

●むずかしいお話や長いお話づくりにもチャレンジしてみましょう。

スピード暗号解読ゲーム

ねらい♥こんな時に

自分のクラスの人だけがわかる暗号って、なんだかわくわくします。まるで007にでもなった気分。子どももこうした暗号遊びが大好きです。クラスやグループのなかま意識が強くなるので、団結を強めたい時にもどうぞ。

声かけ♣導入

50音を使って暗号表をつくっておきます。

■あ行から順にＡＢＣをつける。あ行＝Ａ、か行＝Ｂ、さ行＝Ｃ、として、ん＝Ｋとする。

■あ段から順に数字をつけていく。あ段＝１、い段＝２、う段＝３、として続ける。「ん」はＫ１で表わす。

■濁点の点は英字を２度くり返す。丸は３度くり返すと決めておく（「だ」＝ＤＤ１、「ぷ」＝ＦＦＦ３となる）。

展開

まず、教師が例題を出してやってみましょう。

「Ａ５Ｆ１Ｈ５Ａ３」と書いて、子どもと一緒に読んでみます。「おはよう」となりますね。

次に、教師が口に出して言った暗号を、みんなが解読します。はじめは短くやさしいことばから。

ルールがのみこめたら、教師が各班あての暗号を黒板に書きます。今度は少し長く、むずかしくしてもいいでしょう。

結果♣発表

班ごとに前に出て答えあわせをしましょう。

効果◆発展◆アドバイス

●長い文章や連絡事項もやってみよう。ほかのクラスの子どもたちにはわからないから得意な気分になれますね。

●作文や日記も暗号で書くとおもしろいかも。

ものまねこざる

ねらい♥こんな時に

子どもたちは、まねっこ遊びが大好きです。先生がおもしろいポーズをとればとるほど大喜びします。子どもにかえって一緒になって遊んでください。「ぼくも！」「私もやりたい」と子どもたちが先生のまわりに集まってきますよ。

声かけ♣導入

7〜8人のグループにわけます。

「こざるは、まねっこが上手です。みんなはこざるになって先生のまねをしてください」

と言って、子どもたちの前に立ちます。

教師が、ゆっくり「ものまね、こざる」と言って「る」を強調します。

その時に、パッとポーズをつくります。

展開

子どもたちは、あわてて先生のポーズをまねします。

むずかしいポーズでよろけたり、複雑な手の組み方をしたりします。

見ている子どもたちが審査員になって、教師とちがうところを指摘したり、似てる似てるとほめたりしましょう。

結果♣発表

教師は、また「ものまねこざる」と言って、すばやく次のポーズにかえます。

何度かくり返したら次のチームと交替です。

効果◆発展◆アドバイス

●愉快なポーズなどを写真に撮っておいてアルバムにすると楽しいですね。

●なれてきたら子どもたちがリーダーになってやってみましょう。

しりとりリレー

ねらい♥こんな時に

クラス全員でやるしりとりです。最後の1人まで続けるように頑張るのがポイント。どうしてもことばを思いつかない人がいたら助けてあげましょう。全員でできた時の達成感が味わえます。クラスの力をひとつにしたい時にどうぞ。

声かけ♣導入

教師がだれかを名指しして自己紹介してもらったり、好きな本を言ってもらって、その人の名前の一部や本のタイトルの一部からしりとりをします。

たとえば、「今日の当番は木村君だから、きむらの「ら」からいきましょう」と始めます。

展開

「ラジオ」「おとしだま」「マントヒヒ」「ひこうき」と順番（席順）に続けます。ことばが思いつかない子は「ヘルプ」のサインを出してよいとします。

このゲームは勝ち負けを競うものではないので、「○○があるよ」「○○もいいよ」などみんなで協力して助けてあげましょう。

結果♣発表

1度出たことばでも、みんなの意見で「よい」となれば使ってもよいでしょう。最後の1人まで全員ができたらすごいですね。

効果◆発展◆アドバイス

●助けあう気持ちが育つようにうながしましょう。
●時には勝ち負けを決める勝負をやってもいいですね。

1、2の3でなあに?

ねらい♥こんな時に

偉人は1度にたくさん（7人）の人の話を聞き
わけたなんていいますが、みんなはどうか
な？ 読書の時間などにやってみてはいかが
でしょう。子どもたちは聞きわけようと耳を
すまし、神経を集中してまとまるでしょう。

声かけ♣導入

まず3人くらいから始めてみましょう。

教師が子どもたちに、

「今読んでいる本は何ですか？」とか「好きな本は何で
すか？」とか「読んだことのある本は？」

と問いかけて、本のタイトルを考えさせます。

展開

そして、3人を前に呼び出し「1、2の3」で3人同時
に、タイトルを大きな声で言ってもらいます。

たとえば、『ハリーポッター』

『999ひきのきょうだい』

『鉄腕アトム』など。

みんなは、それを聞きわけます。

聞くチャンスは1回だけとします。

結果♣発表

わかった人から答えてもよいですが、1人1人がノート
に書いて答えあわせをしてもいいですね。

効果◆発展◆アドバイス

●声を出す人数を多くしてみよう。何人まで聞きわけら
れるかな？

●また、本だけでなく、お菓子、歌手、魚など、いろい
ろやってみよう。

その歌なあに？

ねらい♥こんな時に

「1、2の3でなあに？」の歌バージョンです。音楽の時間やみんなでうたいたい時に遊びましょう。教室の中だけでなく、音楽室や野外、バスの中でもオススメです。歌が苦手な子でもこんな歌遊びならのってきます。

声かけ♣導入

「みんなの好きな歌は何ですか？　自分がうたえる歌は何だろう？」と子どもたちに声をかけ、自分がうたえる好きな歌を選んでもらいます。

展開

子どもたちを4〜5人選んで前に出てもらい、「1、2の3」で、いっせいに大きな声でうたってもらいます。

たとえば『チューリップ』
　　　　　『ぞうさん』
　　　　　『1年生になったら』
　　　　　『うみ』
　　　　　『おばけなんてないさ』など。

各自、1番が終わるまでうたってもらい、その間にみんなはそれを聞きわけます。

結果♣発表

わかった曲名を1人1人がノートに書いて、うたい終わった時にみんなで答えあわせをやろう。終わったら交替して続けましょう。

効果◆発展◆アドバイス

●うたう人数を多くして、聞いている間に正解が出たらその人はうたうのをやめる、というルールでもよい。うたい終わるまでに全部の曲を当てられるか、タイム遊びにもなってバリエーションがつきます。

ごちそうヒント

ねらい♥こんな時に

なかまの協力で正解を当てるクイズ遊びです。ヒントを求められた人は、正解を当てやすいように適確なヒントを出してあげましょう。友だちを助けたり、助けられたりすることですてきなクラスになるでしょう。

声かけ♣導入

「今日は、Ａさんにごちそうします」と言って、１人を前に呼び出します。

あらかじめ用意した「ごちそうカード」を本人には見えないように全員に見せ、「Ａさんにごちそうするのは、これです」と言います。

「Ａさん、当てたらこれをごちそうします。５人（班の人や列の人）にヒントを聞いて答えてください」

展開

「○○君。教えてください。それはどんな形ですか？」（四角です）「じゃあ、色は？」「骨はありますか？」と、５人に聞いていきます。

Ａさんにヒントを求められた人は、うそを言わずに、ヒントになるようなことを言ってあげましょう。

結果♣発表

「先生がごちそうするのは何でしょう？」とＡさんに聞きます。正解なら「そうでーす。さあ、めしあがれ」と、みんなで言ってあげます。

Ａさんは、それらしく食べるジェスチャーをしてください。交替して何度もやりましょう。

効果◆発展◆アドバイス

●なれてきたら、自分たちでごちそうしたいものを考えるといいですね。

コンビジェスチャー

ねらい♥こんな時に

伝えたいことをことばで表せないのはもどかしいものです。一生懸命体で表現する姿が笑いをまきおこします。やっている人も、見ている人も、みんなが楽しいジェスチャーです。応援するギャラリーたちの盛りあげも大事。全員で参加しましょう。

声かけ♣導入

男女ペアか、2人ずつのチームをつくります。

教師は、あらかじめ出題する問題を紙に書いて用意しておくか、その場で紙に書きます。

ジェスチャーをする順番を決め、1組に前に出てもらいます。2人でジェスチャーをする係と答える係を決めます。

展開

教師は、ジェスチャーをする人とギャラリーのみんなに問題を見せます。答える係の人は、後ろを向いています。

答えは、「雪だるま」「こま」「たいやき」などの簡単なものから、「ねぼけて川に落ちた多摩川のタマちゃん」などの長い文章でやってみましょう。

教師の合図で、答える人にわかるようにジェスチャーをします。ギャラリーは、邪魔をしないで応援などをしよう。「おしい、おしい」「そっくりよ」なんて。

結果♣発表

正解すれば、ジェスチャー役を交替してやるか、そのまま他のチームと交替するのもよい。

効果◆発展◆アドバイス

●子どもたちが交替で問題を考えましょう。毎日のニュースなどに関心をもってくれるといいですね。毎日1組ずつやってもいいでしょう。

毎日モンタージュ

ねらい♥こんな時に

「いきなりモンタージュ」（p.8）で遊んだ子どもたちが、「もっとやろうよ」とのってきた時や、新しいクラスになってみんなが友だちをおぼえたい時に、くり返しできる遊びです。1人ずつ紹介しながら毎日やってみましょう。

声かけ♣導入

出席順などでかまいません。1人を決め、前に出てもらうとよい。新しいクラスなら、出てきた人を紹介してから始めましょう。

「今から1分間、○○さんをよーく観察してください」

展開

子どもたちは、友だちと相談したりしながら観察します。ノートにメモをとらせてもいいですね。

「後ろ姿も見ますか？」など、教師は観察のポイントなどをあげ、子どもたちの好奇心をかきたてるようにもっていきます。

観察終了の時間になったら、紹介した子どもをカーテンや用意した先生の上着（布や紙でも）にくるんでかくします。

結果♣発表

答えあわせは、1人ずつやっても全員一緒にやってもよい。また、紹介する人を囲んで、みんなで一緒にたしかめるのもいいですね。

効果◆発展◆アドバイス

●友だちのことを知り、自分を知ってもらうのに適しています。自分を表現することの苦手な子も思わずなかまに入っていける、そんな遊びです。あとは先生のことばかけが大事です。

20の扉、その人は誰?

ねらい♥こんな時に

20のヒントをもらって正解を当てるクイズゲーム。20のヒントを考えるということは対象をよく知らないとできないことで、ある意味、答えを出すことより大変です。そのため、逆に身につくことも多く、知識を得ることになるでしょう。

声かけ♣導入

オニ役（1人でも2人でもグループでもよい）を決め、オニには廊下に出てもらうなどして席を外してもらいます。その間に、みんなが答えを決め、遠回しのヒントを考えます。

展開

ヒントができたら、オニに中に入ってもらいます。

オニは、みんなに20の質問をします。ヒントを求められた人は、遠回しに答えます。

この時、答える人はうそをついてはいけません。

【例】（答え）鉄腕アトム………（質問）男ですか?　子どもですか?　大きいですか?　髪形は?　勉強は好き?

結果♣発表

オニは、20の質問をするうちに答えなくてはいけません。20の質問が終わっても答えられなかったりまちがえたら、もう1度オニになります。

ただ、2回までまちがえてもよいなどのルールをつくってもいいでしょう。

効果◆発展◆アドバイス

●教科書に出てくる人物などにも関心がわくでしょう。また、教師や友だち（うちに帰っても）にも質問したくなるでしょう。

はちまきリレー

ねらい♥こんな時に

運動会などの行事が近づくと子どもはソワソワしてきます。運動会の競技のようなリレー遊びで、ちょっぴり早めに運動会気分を味わっちゃいましょう。教室でできるうえに応援もできるから楽しいですよ。

声かけ♣導入

　席順で左右の2チームにわけます。

　はちまきを各チームの先頭に渡し、机の上に置きます。

　教師のスタートの合図で、すばやくはちまきをしめて立ちあがり、「ポン、ポン、ポン」と3回手をたたきます。たたいたらはちまきを外し、次の人に渡して座ります。

展開

　次の人も同じように大急ぎではちまきをしめて立ちあがり、「ポン、ポン、ポン」と3回手をたたき、はちまきを次の人に渡して座ります。

　途中ではちまきが外れたら、もう1度しめ直すところからやり直しです。

　次つぎとはちまきをリレーしていきます。

結果♣発表

　チームの最後の人がアンカーです。手を3回たたいたところで、「終わったー」とさけんで勝ちとするか、はちまきを教師に届けて勝ちとしましょう。

効果◆発展◆アドバイス

●体育館や校庭を使って、クラス全員で対抗戦をやるのもにぎやかで楽しくなります。

●人数を決めて時間を計り、学校ギネスに挑戦してみよう！

上ばきピラミッド

ねらい♥こんな時に

みんなの上ばきを高く積んでいくゲーム。どこまで高く積めるかな？　みんなで記録にチャレンジしたい時、教室でハラハラドキドキしたい時にどうぞ。クラス対抗や児童集会でやってみるのもGood！

声かけ♣導入

クラスを２つに（右半分左半分でも男女でも）わけて、「上ばきでピラミッドをつくって競争しよう」ともちかけ、ゲームを始めます。

展開

教師の合図でスタート。それぞれのチームで順番を決めて、上ばきを積みあげていきます。

だれの上ばきからどの向きで積んだら高く積みあげられるかを考えながらやりましょう。

声かけとして、「大きい靴から積むのかな？」とか「どの向きで積むと高くなるかな」などと言ってあげるとよい。崩れたらはじめからやり直しです。

時間を決めてもいいですが、焦らないで、だめというまでやってみるのがいいでしょう。

結果♣発表

限界という高さまで積んだと思ったらそこで終了。積みあげた上ばきの数で競います。または積みあげた高さで競ってみるのもよい。

効果◆発展◆アドバイス

●学校ギネスに挑戦。クラス全員でどこまで積めるかためしてみよう。

●やみくもに積むのではなく、どう積んだらうまくいくか、声をかけながら工夫させてください。

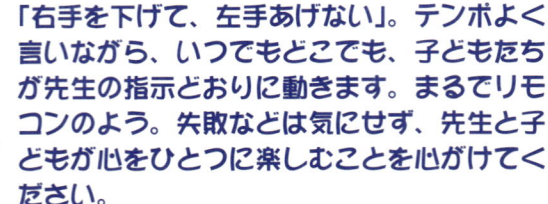

ねらい♥こんな時に

「右手を下げて、左手あげない」。テンポよく言いながら、いつでもどこでも、子どもたちが先生の指示どおりに動きます。まるでリモコンのよう。失敗などは気にせず、先生と子どもが心をひとつに楽しむことを心がけてください。

声かけ♣導入

　教室なら席についたままでいいでしょう。

　子どもたちに、「先生の指示どおりに動いてください」と言って、ゆっくり指示します。

「まず、両手を高くあげてください」

　ここでほめたり、手を高くあげるようにアドバイスして、指示をだんだん早くだすようにしていきます。

展開

　「右手を下げて」で、右手を机に置く。

　「左手を下げないで、右手をあげない」など、子どもたちがまちがえそうな指示をどんどん出していきます。

結果♣発表

　まちがえたら、その人には立ってもらい、立ったままゲームを続けます。

　最後まで座ったままの人が勝ちですが、特に勝敗は決めなくてよいでしょう。

効果◆発展◆アドバイス

●体育館やバスの中でもできます。

●子どもたちがリーダーになってやってもいいですね。

●教師はまちがえやすいように指示し、子どもはそれに引っかからないようにやる──そのかけひきが笑いを誘います。

伝染病・病原菌はどこ？

ねらい♥こんな時に

リーダー（病原菌）はいろんなポーズに姿を
かえて動いています。病気にかからないよう
に病原菌を早くさがしましょう。伝染病の心
配な時期、風邪の流行る時期、予防の話をす
る時などにやってみるのもいいでしょう。

声かけ♣導入

　７～８人のグループでやります。

　オニを１人決めます。

　オニにわからないように残りの人で相談して、リーダー
（病原菌つまりバイキン）を決めます。

　オニを囲むように残りの人が輪になります。

展開

　リーダーは、オニにわからないように、いろんなポーズ
をします。

　ほかの人は、すばやく、だれがリーダーかオニにばれな
いようにリーダーのポーズをまねます。

　オニは、だれがリーダーかさぐります。

　リーダーは次つぎにポーズをかえなくてはいけません。

　オニはだれがリーダーかわかったら「○○ちゃん」と名
指しします。はずれたら、当たるまで続けます。

結果♣発表

　当たったら、オニを交替します。リーダーも交替です。

　オニとリーダーを交替して、同じようにゲームを続けま
しょう。

効果◆発展◆アドバイス

●なれてきたら人数をふやしてやってみよう。だれがリー
ダーかわかりにくくなります。

●衛生面の話もあわせてできたらいいですね。

犯人をあげろ！

ねらい♥こんな時に

子どもたちは探偵ごっこ、刑事ごっこが大好きです。宝物をうばった犯人グループをとうとう追いつめた！ 目の前にいる**5人のだれか**が宝物を持っています。いったいだれが……。探偵・刑事になって犯人さがしをしましょう。

声かけ♣導入

5人ずつのチームをつくります。

「スリは、現行犯でなければつかまえられません」という説明をしてから始めましょう。

1チームが犯人役になり、残りが探偵（刑事）役になります。

教師が犯人役に宝物（10円玉などでよい）を渡します。

展開

犯人役は、前に1列にならんで両手を前に出し、探偵にわからないように宝物を「はい」「はい」「はい」と隣の人に渡したり、渡すふりをしたりしながら移動させます。

探偵役の人は、その動きをよーく見て、宝物がどこにあるか見当をつけます。

結果♣発表

一定時間で終了。探偵役は相談して宝物がどこにあるか決定します。外れたらもう1回やり直しです。

当たったら、犯人役と探偵役を交替して続けましょう。

効果◆発展◆アドバイス

●犯人役を多くしたり、質問タイムをつくって、演技をしながらやり取りをすると楽しいですね。
●宝物を持っていない犯人役の人たちの動きも、カムフラージュとして重要になります。

84

85

頭上注意の命令ゲーム

ねらい♥こんな時に

静かで、意外と体力を使う遊びです。子どもたちが退屈している時、にぎやかに遊べる時など、隣のクラスを気にせずやってみよう。楽しいポーズを考えると、子どもたちががぜん熱中してきます。

声かけ♣導入

2人に、教科書を持って前に出てきてもらいます。

教科書を頭にのせて、向かいあって立たせます。

2人にジャンケンしてもらい、勝った方が、負けた方の頭の教科書が落ちるような命令をします。

展開

「大きなせきばらいを3回してください」

「ダンスをしてください」

「目をつぶって3回回ってください」

外でなら、「大きな声でうたってください」や「3回ジャンプしてください」などもいいでしょう。

相手が命令どおりやっても教科書を落とさなかったら「セーフ」。もう1度ジャンケンをします。

結果♣発表

教科書を先に落とした人が負けです。

負けた人は次の人に交替しましょう。

ただし、「頭を下げてください」や「逆立ちしてください」などの無理な注文はだめです。

効果◆発展◆アドバイス

●本以外のものでもやってみよう。

●チーム対抗にして手をつないでやってみよう。

●片足で立ってやってみよう。

片足ジャンケン

ねらい♥こんな時に

ジャンケンは、だれでも対等な勝負ができます。小さくたって大きな子に負けません。片足で立ち、バランスをとりながら勝負するジャンケン遊びです。異年齢集団でやるサタデースクールでの遊びでやっても楽しい。

声かけ✦導入

片足で立ってジャンケン勝負をするので、ジャンケンのポーズを決め、全員に説明しておきます。

パーは、片足で立って両手を左右に広げる。

チョキは、片足で立って両手を上にあげる。

グーは、片足で立って両手を胸の前でクロスさせる。

ポーズを何度も練習してから始めましょう。

展開

教師の前に子どもたちを1列にしてならばせます。

教師と向かいあった子が、片足立ちをして、

「片足ジャンケン、ジャンケン、ポン」

とかけ声をかけます。

あいこなら、もう1度、

「片足ジャンケン、ジャンケン、ポン」

と勝負です。

結果✦発表

負けた人は交替して列の後ろにならびます。

ふらふらして足をついても負けとなり、交替します。

効果◆発展◆アドバイス

●廊下でも、校庭でも、「片足ジャンケン」と言ったら、勝負を挑んだことになり、どこでも勝負ができることとします。体の大きな子、小さな子も対等に勝負ができるから楽しいですよ。

89

両手ジャンケン

ねらい♥こんな時に

体力を使わないで静かにできる、なかなか勝負のつかないジャンケンです。両手とも相手に勝たなくてはいけません。単純な「ジャンケン」も、いろいろな工夫やルールを考えると、まだまだたくさんの楽しみ方があるものです。

声かけ♣導入

　最初に、このジャンケンは両手でやるということを説明します。片方だけ勝ってもだめです。どちらかが、両手とも勝つまで続けます。

　少し練習してから始めましょう。

展開

　「まず、隣の人と向かいあってジャンケン勝負してください」と声をかけてスタートです。

　1回目の勝者が決まったら、勝った人は前に出てきてもらい、負けた人は席につきます。

　勝った人は、勝った人同士で相手を見つけ、また勝負をくり返します。

　人数があわない時は、教師が相手になってください。負けた人は席につきます。

結果♣発表

　最後まで勝ち抜いた人が優勝です。

　何度かくり返しやってみましょう。その際、優勝者は次の審判になるとよい。

効果◆発展◆アドバイス

●4〜5人のチーム対抗戦などをやってみよう。

●対戦表をつくると勝負が盛りあがります。

●優勝者に賞品を用意すると子どもは喜びます。

からだジャンケン

6
全身を使って楽しむ遊び

ねらい♥こんな時に

ジャンプしたり、手足を大きく動かしたり。体育館や野外で全身を使って遊びたい時にピッタリのジャンケン遊び。最後まで勝ち残るにはけっこう体力が必要かも。体力に応じて5回戦までとかルールをつくるといいでしょう。

声かけ♣導入

これもルールやジャンケンのポーズをあらかじめ決めてから始めます。

パーは、両手両足を大きく開く。

チョキは、両手を上にあげ、足を大きく前後に開く。

グーは、両手を胸の前でクロスさせ、足を閉じて立つ（体を動かしたいなら、しゃがんで体を丸める）。

展開

遊び方は、西部劇の決闘のように2人が背中あわせに立ち、「ジャンケン、ポン」を合図に振り向き、勝負します。

あいこならもう1回。勝負がつくまで続けます。

よろけてポーズがくずれたり手をついたら「アウト」で負けになります。負けた人は交替です。

ギャラリーは、2人を囲んではやしたり、手拍子を打って声援すると盛りあがってよい。

結果♣発表

勝ち抜き戦で残った人が優勝。

効果◆発展◆アドバイス

● 「顔ジャンケン」もおもしろい。パーは口を大きくあけ変な顔。チョキは口をとがらせておどける。グーは口を閉じて怒ったような顔。見ている人が吹き出すようにやってみよう。

グループジャンケン

ねらい♥こんな時に

なかまと力をあわせてするジャンケンです。
ジャンプしたりポーズを決めたりするので、
「からだジャンケン」同様体力を使います。
勝てば何倍にも嬉しく感じることでしょう。
なかまと一緒に喜びたい時にオススメ。

声かけ♣導入

3人ずつのチームをつくります。

あらかじめポーズを決めておきます。

グーは、3人が手をつないだまましゃがむ。

チョキは、3人が手をつなぎ、中の人は立ち、左右の人
はしゃがむ。

パーは、3人が手をつないで立ち、左右の人が手を横に
広げる。

少し練習をしてから始めましょう。

展開

3人が手をつないで立ち、2つのチームが向かいあって、

「グループジャンケン、ジャンケン、ポン」

と3回くり返し、6回ジャンプして、6回目で勝負します。

あいこなら、もう1回勝負です。

結果♣発表

2回続けて勝ったチームを勝ちとして勝ち抜き戦をしま
す。疲れるようなら1回の勝負で勝ちとしてもよい。

優勝チームに賞品を用意しても楽しい。

効果◆発展◆アドバイス

●なれてきたら人数をふやしてやってみよう。その時は、
チョキのポーズを工夫してみてください。
●どのけんを出すのかチームで相談してからやります。
呼吸をあわせることが大切です。

外遊び

　学校では授業や行事で外出する機会も多いですね。子どもたちは外に出ただけで開放された気分になるので、ケガや事故など校内以上に注意を払わなければならない先生方は本当に大変だろうと思います。

　それでも、移動時間やお弁当の後のちょっとした時間にできる遊びがほしい時があります。行き先が広いフィールドや自然の中であればなおさら子どもは遊びたくなるものです。

　準備のいらない遊びとはいっても、駆け回るばかりでは飽きてしまうでしょう。そこで、外出時に必ず用意する持ち物とか現地で調達できる材料を使ってできる遊びを考えました。

　安全に思う存分遊んでいい場面、次の行動に移る前に集中させたい場面など、目的に合わせて楽しんでください。

出かける時の仕度が

スカーフ

麦わら帽子

おにぎりを包んでいたアルミホイルは丸めればボールに！

ビニール袋やポリ袋

ゴミを入れたり虫や草花を入れたり、木の実をひろってもいいね。

小さめのリュック。お弁当 ビニール袋、薬など…

ロープ

集合！

タオル

ロープの使いみち

そのまま遊びの道具に早変わり！

外に出る時は帽子をかぶろう！
赤白帽子ならゲームにも使えます。

林の中に
入るときや
夜のひえこみに
そなえて
長ソデ、長ズボンを
用意しよう！

ビニール袋も持っていこう

あると便利

新聞紙
しいたり燃料にしたり

虫めがね

観察！

フィルムケース

えんぴつとノート

遊び用にビーチボールなど

軍手

遠いのぞきメガネ

思いきり走り回るほどスペースがない時でもできる、そろそろ歩きのリレーです。小さなのぞき穴から見る目標物はずいぶん遠くに感じられます。教師は、あらかじめメガホンを２つ用意しておくといいでしょう。

声かけ♥導入

「メガホンを使ってリレーをしましょう」
と声をかけます。

チームを２つ（メガホンの数）に分け、遠くに目印の木などを探し、木にタッチするか回って戻ってくることにします。

展開

１番目の人がスタートラインに立ち、メガホンの大きい口を顔にかぶせ、小さい穴からのぞきます。

教師の合図でスタートし、木を回って戻ってきます。戻ったらメガホンを渡して次の人がスタートです。

小さな穴から見る景色はいつもと違って感じます。距離感がつかめなくて、そろそろしか歩けません。手探りで行ったり、しゃがんではいながらしか行けないでしょう。

その格好を見て、応援にも力が入ります。

結果♥発表

アンカーが早くスタートラインに戻ったチームが勝ちとなります。

効果◆発展◆アドバイス

●ロープがあれば、ロープをくねらせてコースをつくるのもいいでしょう。それをつたってゴールまで行くと楽しいですね。今どこを通っているか分からなくなりますよ。

あんよは上手

ねらい
こんな時に

自然の中で目を閉じると、いろんな音が聞こえてきます。風の音、鳥の声を楽しみながらまずは耳の訓練。いろんな音を聞き分けられるようになったかな？　友だちの声をたよりにゴールまでたどりつく遊びです。

声かけ♥導入

　草や砂の上に腰を下ろし、目を閉じさせて、
「どんな音が聞こえる？」
と尋ねてみましょう。子どもたちからいろんな答が返ってきますから、その音をみんなで観賞します。
　「じゃあ友だちの声は聞き分けられる？」
と聞いてゲームを始めます。

展開

　２人ずつのチームに分かれ、１人がタオルなどで目隠しをします。もう１人は後ろから指示をだす係です。２〜３ｍ先の木などを目標物に定め、それを回って戻ってきます。
　他の人は、声援・だまし・ヤジなどいろんな声を出して邪魔しましょう。
　それに惑わされないように、相棒の声を聞き分けて歩き、スタートに戻って交替です。

結果♥発表

　一番早くゴールしたチームを勝ちとしてもいいですが、途中の経過を楽しんでください。

効果◆発展◆アドバイス

●広い場所なら、全員でリレーをしてみよう。
●友だちの声を聞き分けることで信頼関係を築く効果もあります。

鵜匠鬼ごっこ

ねらい こんな時に

野外に行った時、漁のしかたなどについて話しあってみるのもいいですね。いろんな魚の捕り方があるものです。人間だけでなく、動物や鳥が魚を捕るやり方も話しあってみましょう。その中でも鵜は上手に魚を捕りますね。

1 校庭や公園ですぐできる遊び

声かけ♥導入

2人でタオルの両端を持ち、地面に図のような大きな円を書きます。線を引く人が棒などを使って、足下からさらに1mほど大きな円にします。その中心に直径50cm～1mくらいの小さい円を書きます。

鬼を2人決めます。1人が鵜匠、もう1人が鵜の役です。

展開

鵜匠はタオルの端を持って小さい円の中に立ち、鵜はタオルのもう一方の端を持ちます。他の人たちは魚になって、大きな円の中に散らばります。

スタートの合図で、鵜は魚を追いかけてタッチします。つかまった魚は円の外に出てください。

鵜匠は小さい円から出てはいけません。出たらつかまっていた魚が逃げられる、と決めてもいいでしょう。

結果♥発表

全員つかまえたら終了。他のチームが鬼になってゲームを続けましょう。

効果◆発展◆アドバイス

●長いロープでやる場合……鵜の腰にロープを巻きつけて、両手を使って魚をつかまえる。

●タオルが2本ある場合……鵜匠が2本持ち、鵜を2匹にしてやってみよう。

おつかいはお早く

自然の中に出かけ、どんな物があるか、みんなで見つけてゲームをしよう。

広い範囲でも狭い範囲でも、子どもたちのアイデアとやる気で楽しさが広がります。

声かけ♥導入

「おつかいのゲームをしよう」と声をかけ、子どもたちにどこまでおつかいに行ったらいいか考えてもらいます。

（例）●坂の下まで　●むこうの高い松の木まで
　　　●落ち葉を１０枚拾ってくる
　　　●公園の水道で水をくんでくる
　　　●公園のグラウンドにお母さんの顔を描いてくる

など、その場の状況でアイデアを引き出します。

教師が地面に直径１ｍほどの円を書き、中を５～９に分けます。その中におつかいのコースを書きます。

展開

４、５人ずつやりましょう。子どもたちは円から１ｍくらい離れて立ちます。

教師の合図でくつを片方ぬぎ、いっせいに円に向かって投げます。円の中に入らなかった人は、もう一度投げます。

くつの止まったところを大きな声で読んで、指定された場所に行っておつかいをしてきます。

結果♥発表

残りの人は、審査員と応援団です。

早く帰ってきた人の勝ちとします。

効果◆発展◆アドバイス

●海・山・川など、その場に応じたおつかいを楽しみましょう。

●チーム対抗でもやってみよう。

安全運転しよう

**ねらい
こんな時に**

子どもは車ごっこや電車ごっこが好きですね。
広い公園に行った時に、チームワークよくドライブして遊びましょう。原っぱや砂浜などでもどうぞ。

声かけ♥導入

「ドライブしよう」と声をかけ、3人ずつのチームをつくります。3人が縦1列に並んで車になります。先頭は紙袋をかぶって立ちます（目隠しでもよい）。2人目も紙袋をかぶり、先頭の両肩に手をおきます。
3人目は、2人目の腰をつかんで運転手となります。

展開

数m先の木などを目印にして回って戻ってきます。教師の合図でスタート。3人目が、前の2人を操作して運転します。とはいえ間に1人入っていますから思うように運転できません。コースを外れたりします。応援の人も盛り上がるドライブです。

結果♥発表

元の位置に早く戻ったチームの勝ちです。

効果◆発展◆アドバイス

●校庭なら、10mほどの十字を書いて4チーム対抗のリレーをやってみよう。
　①4チームが4か所に立つ。
　②教師の合図でスタートし、コースからはみ出さないように左に曲がって終点まで行く。
　③着いたら、今度は先頭だった人が運転手になりゲームを続ける。
　④元の位置に早く戻ったチームの勝ちとする。

しっぽ当てドッジボール

広い場所でやりましょう。チーム全員で力を合わせるので、仲間づくりにおすすめです。

また、強い子だけが勝つドッジボールではありませんから、異年齢集団で遊ぶ場合にもおすすめです。

声かけ♥導入

ボールがなければ、古新聞紙をビニール袋につめてつくります（秋なら落ち葉をつめて）。広い場所なら全員が入れるくらいの円を書きます。

4、5人ずつのチームに分け、代表どうしがジャンケンして鬼チームを決めます。鬼チーム以外は、チームごとに縦1列に並び、前の人の肩に両手を置きます。先頭の人は両手を自由に使えます。

鬼チームは円を囲むように立ち、他のチームは円の中に入ります。

展開

教師の合図でドッジボール開始です。

最後尾の人が当てられたらアウト。手を放してもアウト。最後尾以外の人に当たった場合はセーフです。先頭の人はボールをキャッチしてもOKです。ボールが円の中で止まったら、先頭の人が外に投げだしてください。

結果♥発表

アウトになったら鬼と交替です。全部のチームを当ててから交替としてもよい。

効果◆発展◆アドバイス

●夢中になると後ろの人は振り回されてしまいます。小さい子や力の弱い子は列の中に入れてあげましょう。誰が先頭になり、誰を最後にするかなどを相談して決めよう。

新聞紙のハードル

新聞紙のハードルなら当たっても痛くありません。キャンプや山登りの機会だけでなく、出かける時に新聞紙を持っていくと便利です。雨具や敷物として、そしてこのように遊びにも大いに利用したいもの。

1

校庭や公園ですぐできる遊び

声かけ♥導入

5m〜10mの直線をとれるスペースあったらやってみましょう。スタートとゴールに線を引き、その間に3〜5つのハードルを置くことにします。助走距離も必要なので、ハードルの位置はコースの長さによって決めてください。

新聞を開いて2人で両端を持ち、ハードルの位置に立ちます。高さは低めに。

展開

1人ずつスタート位置につき、教師の合図で一気にゴールまで走ります。

当たって新聞が少し破れてもセーフです。ただし2枚にちぎれたらアウト。もう一度やり直しです。

新聞紙がちぎれたら取り替えて続けましょう。

結果♥発表

タイムを計って順位をつけてもいいですし、新聞紙を破らずにゴールできた人を勝ちとしてもいいでしょう。

効果◆発展◆アドバイス

●新聞紙を縦に高くしてやってみよう。

●幼児なら、破りながら走っていくと壮快ですよ。破った後、ヒーローになった気分で決めのポーズ！

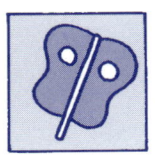

勝ち抜き背中ずもう

体を触れあって遊ぶことで、みんなといっそう仲よくなれる気がします。

背中ずもうなら、男の子も女の子も一緒になってワイワイ楽しめますよ。

声かけ♥導入

土俵を書いて、

「背中ずもうをやろう」

と子どもたちを誘いましょう。

子ども2人が、土俵の中央で背中合わせに腕を組んで立ちます。

腕を離したり、投げたり転ばせるのはだめ。あくまでも押し出しが基本です。体をかわしてバランスをくずしてから押し出すのはよしとします。

展開

教師が行司になり、「はっけよい、のこった」の合図ですもうをとります。

もつれて転んだら、立たせてもう一度始めから。

結果♥発表

一方が押し出されたら勝負あり。次の組が土俵に上がります。トーナメント方式で勝ち抜いた人が優勝です。勝ち抜き戦にするなら「5人抜いたら横綱」などと決めて表彰するのも楽しいでしょう。

効果◆発展◆アドバイス

●クラスで番付表をつくろう。

●子どもが行司や解説をしたり、新聞を発行してもいいですね。

ケンケンずもう

芝生（草）や土のグラウンドなど、いつでもどこでも誰とでもやれます。

ねらい
こんな時に

力持ちだけが勝つすもうじゃありませんから女の子も一緒に楽しめますよ。
雨の日には体育館でもどうぞ。

1
校庭や公園ですぐできる遊び

声かけ♥導入

「ケンケンずもうをやろう」と教師が誘い、足首をつかんで片足立ちします。足首をつかめない人は、つま先を持って立ちます。

展開

「手をはなしたり足をついたり転んだら負けだよ」と言って子どもと勝負します。

土俵はあってもなくてもいいでしょう。押したりかわしたり、逃げてもかまいません。

服を引っぱってもよいとするかだめとするかは、教師の判断で。

結果♥発表

見本を見せて子どもが乗ってきたら、2人ずつ握手をして始めましょう。

チーム対抗や勝ち抜きでも楽しいですよ。

効果◆発展◆アドバイス

●大きな円を書き、一度に大勢が入ってやってみよう。最後まで残った人がチャンピオンです。

●慣れない子は、片足で立っただけでふらふらしてしまうでしょう。その場合は足をつかまなくてもよい、など教師がルールをつくってください。

すわりずもう

ねらい こんな時に

すもうは投げたり投げられたりするのであぶない部分もありますが、しゃがんでやれば転がっても低いから安全です。
また、見た目よりは体力を使うのでいい運動になります。

1 校庭や公園ですぐできる遊び

声かけ♥導入

　教師がしゃがんで腕を広げ、「さあ、かかってこい」と胸を貸します。

　子どもたちを押し倒したり転がしたりしましょう。

展開

　教師が倒されたら、子どもを抱きしめて「さ、今度はみんなでやろう」と誘い、小さな土俵を書きます。ルールは簡単、しゃがんだまますもうをとるだけです。

結果♥発表

　ひざや手をついたり転んだら負けです。個人戦やチーム対抗などで楽しみましょう。教師が行司をして盛り上げるといいですね。

効果◆発展◆アドバイス

●むかでずもう

1　3人〜5人のチームに分ける。

2　並び順を決め、前の人の肩に両手をおいてつながり、むかでになる。

3　2組ずつ向かい合ってしゃがみ、1mほど間をとってにらみ合う。

4　「勝負」の合図で、押したり引いたりしてすもうをとる。転んだり手をついたり、つないでいる手を放したら負けです。

5　勝ち抜き戦でナンバー1を決めよう。

応用

チームをつくってむかでずもう

119

フェイスジャンケン

2
お弁当の後にぴったりの遊び

野外の楽しみの1つはお弁当でしょう。食事の後はゆっくり休んでほしいのですが、すぐに遊びたくなったらやりましょう。座ったまま、体を動かさずにできます。

声かけ♥導入

「顔ジャンケンしよう」と誘って、子どもたちと一緒に顔の表情でグー・チョキ・パーを決めましょう。

（例）グー＝怒った顔

チョキ＝泣きそうな顔

パー＝笑った顔

展開

まず教師が手をあげ、誰かと顔でジャンケンしましょう。「ジャンケン、ジャンケン、顔ジャンケン！」で顔をつくります。

勝った人は、「まだやっていない人で、私と勝負する人」と、次の相手を探します。

一度勝負した人は手をあげないことにします。まとまりがつかない時は、最初に教師の前に1列に並ばせるとよいでしょう。

負けた人は後ろに並び直します。

結果♥発表

5人抜きにして、勝った人は見学していましょう。

効果◆発展◆アドバイス

●人数が多い時はまず隣の人とやり、次に勝った人どうしがやって、勝ち抜きでチャンピオンを決めよう。

フィンガーリレー

車座に座って、お弁当を食べてからやりましょう。
この遊びも座ったままでできますよ。

移動のバスの中や教室でも楽しめます。
食後でなければ、かけっこ、リレーにアレ
ンジすることも可能です。

声かけ♥導入

　教師が、お弁当を包んでいた新聞の端をちぎって丸め、
人さし指と小指の間にはさめるくらいの小さいボールをつ
くります。

展開

　図のようにボールを指にはさみ、隣の人に渡します。
　隣の人は同じように人さし指と小指ではさんで受けと
り、また隣の人に回します。

結果♥発表

　落とさずに全員が運べるまでやってみよう。
　チームを分けて、早く終了したチームの勝ちとしてもよ
いでしょう。

効果◆発展◆アドバイス

●木の実や石ころ、丸めたハンカチなどを使ってやっ
てみよう。

●利き手でない方の指でやってみよう。

●食後でなければ、大きく広がって走ってもいいし、
途中に障害物があっても楽しくなりますね。落とした
ら最初からやり直しで、早く終了したチームの勝ちと
します。運動会の時のように応援して、盛り上げまし
ょう。

インスタントダーツ

自然の木を使ってダーツをしよう。ダーツといっても木を傷つけません。

食事の後でも、走り回らないから夢中になっても安心です。

声かけ♥導入

まず、みんなでダーツの矢をつくりましょう。小さめのビニール袋に落ち葉や新聞紙をつめ、丸めて口をしばります。これを2、3個用意して下さい。

ガムテープを10〜20cmほどに切り、逆に巻いて輪にします。テープごとに点数をつけ、木に間隔をおいて貼りつけましょう。

展開

木から1〜2m離れた位置に線を引き、そこからダーツを投げます。うまくくっついたら、そのガムテープの点が得点になります。

結果♥発表

得点の合計が多い人の勝ち。またはくっついた数で得点を競ってもいいですね。

何回投げてよいかなど、あらかじめ子どもたちと話して決めておくといいでしょう。

効果◆発展◆アドバイス

●木が密集している場合は、いくつもの木にガムテープをつけて、遠い木、影にある木の得点を高くしよう。

●トレーなどにガムテープを貼ってペッタンとくっつくキャッチボールをやったり、体にテープをつけて的にするのも楽しい。

●ダーツの矢を大きくつくってみよう

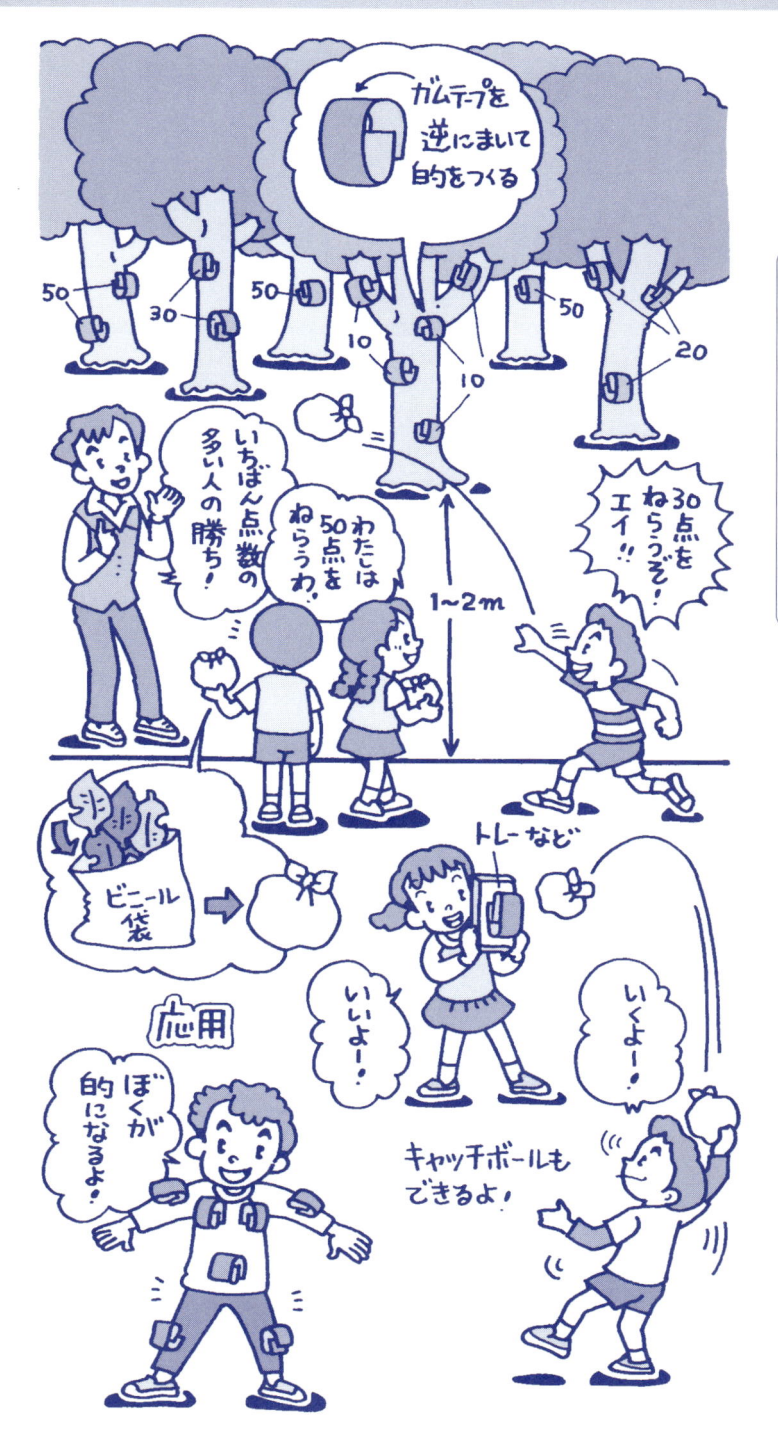

125

ことばあつめゲーム

自然の中で考えたり見つけたりしましょう。

授業で学習した内容や子どもたちが関心のあることから出題すれば、夢中になることうけあいです。

2 お弁当の後にぴったりの遊び

声かけ♥導入

「ここから見える自然の生きものをたくさんノートに書いてみよう」と声をかけます。

展開

思いつくまま１分ほど書いてもらいます。すぐに思いつかない子もいますので、足元の草や昆虫、木などをヒントで言ってあげるといいですね。

結果♥発表

１人ひとりに発表してもらい、みんなで確かめ合います。

１度やると楽しさがわかりますから「じゃあ、次は魚の名前で」とか「虫の名前で」と続けていきましょう。

教師が出題するなら「国の名前」「都道府県」「四文字熟語」「答えが２になる問題」「祝祭日」「覚えている俳句」など、授業の内容をゲームにすると楽しんで覚えられます。後は教師の腕しだいです。

効果◆発展◆アドバイス

●４、５人のチーム対抗でやってみよう。

「（東京なら）山の手線の駅名を書いて」などの出題に、１〜３分間、子どもたちは協力して考えます。各チームに１つひとつ読みあげてもらい答え合わせをしましょう。多く正解を書いたチームの勝ち。

●「教職員のフルネーム調べ」や「学校にある草花」など、チームで協力してやる調べ学習もいいですね。

いい顔リレー

丸く輪になってお弁当を食べた後、みんなで楽しい遊びをしましょう。顔の表情を順々に伝えていきます。遊びは静かに進みますが、最後の答え合わせでどっとわきます。野外で大笑いができたら、気分もスカッとしますよ。

2 お弁当の後にぴったりの遊び

声かけ♥導入

大きな車座になって座り、「みなさーん。全員右を向いて目をとじて下さい」と声をかけます。

「これから"いい顔"のリレーをします。みなさんは、後ろの人に肩をたたかれた時だけ振り向いて顔を見て、次の人にリレーして下さい」

展開

教師が前の人の肩をたたき、変な顔やおもしろい顔をしましょう。

その表情を覚えたら前の人に伝えます。変な顔・おかしな顔で吹き出しても、声にだしてはいけません。最後の人は先生の肩をたたいて「終わったよ」の合図をします。

結果♥発表

教師が「答え合わせをします」と言って、1・2の3で全員でリレーの顔をして円の内側を向きます。全員が同じ顔なら「おめでとうございまーす」。

間違えていたらその人には立ってもらい、その顔をみんなによーく見せてあげましょう。

効果◆発展◆アドバイス

●手も使っておかしな顔をつくってみよう。
●立って全身のジェスチャーでやってみよう。

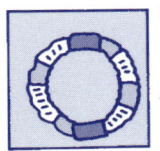

かんたんチーム輪投げ

輪投げをチームプレーで楽しみましょう。
お互いを思いやる心がポイントですから、友だち
づくり・仲間づくりにおすすめです。
2人の呼吸を合わせてがんばって！

ねらい
こんな時に

声かけ♥導入

古新聞を細く棒状に丸め、それをガムテープでとめて輪をつくります。

2人1組のチームをつくったら、みんなで大きな車座になって座ります。

順番を決め、まず最初のチームが円の中央に立ちます。

教師が1人に輪を4本渡してゲーム開始。

展開

2人は円の中央に背中合わせに立ち、それぞれ2、3歩進んで向かい合います。

1人が片足立ちになって的になり、もう1人が1つずつ輪を投げます。

的は右手・左手・首・あげた足で1本ずつキャッチして、これが得点になります。

的はよろけてもいいですが、足をついたり転んだらアウト。得点は取り消しです。

交替して投げ、2人の合計がチームの得点になります。

結果♥発表

全チームがやって、得点の多いチームの勝ちです。

効果◆発展◆アドバイス

●応援は盛大にやったほうが楽しい。

●低学年なら、的は両手をあげて動かないように立ってやるとよい。

にがてな虫捕りゲーム

ねらい こんな時に

虫が苦手という人は少なくないでしょう。そんな人たちにおすすめの虫捕りです。カードを使っての虫捕りですから、学習もできます。野外に出かける前、どんな虫がいるかを調べたり、カードをつくっておくとよいでしょう。

声がけ♥導入

　お弁当を食べている間などに、教師がカードを隠します。

　勉強した後なら、虫の習性を考えて隠すとよい。「せみ」は木にガムテープなどでカードをはる、「かぶとむし」なら木の下の方に、「かまきり」や「バッタ」などは草むらに置くなど。

展開♥結果♥発表

　教師の合図で虫さがしをします。

　カードの枚数や人数によって遊び方を変えてかまいません。人数が少ない時は一度にやり、数多く集めた人の勝ちとします。

　多い時は2チームに分けて、チーム対抗がいいでしょう。1人（2人）ずつの勝負で合計枚数を競います。

効果◆発展◆アドバイス

●**チーム対抗でやってみよう**

1　先攻後攻を決める。

2　後攻のチームが、決められた範囲内にカードを隠す。

3　スタートの合図で先攻チームがカードを探す。

4　探し終わったら交替する。

5　時間を計って早く全部見つけたチームの勝ちとなる。

●カードに点をつけて、得点数で競ってもいいですね。

133

落ち葉の
ピッタシカンカン

秋の野山は、きれいな落ち葉がいっぱいですね。落ち葉を拾い集めておくと、いろんな遊びに使えます。ビニール袋を用意して落ち葉あつめからやりましょう。

声かけ♥導入

　「落ち葉をつないで1mになるように、その分の落ち葉を拾ってきて」

　と言って落ち葉拾いに行かせます。

展開

　子どもたちは、それぞれ好きな落ち葉を好きなだけ拾いいに行き、1m分集まったと思うところで戻ってきます。

　全員そろったら、教師の合図で落ち葉を並べます。向きは自由です。

結果♥発表

　1人ずつ長さを計り、1mに最も近い人の勝ちとします。1m以上は失格です。

効果◆発展◆アドバイス

●4、5人のグループ対抗で、3mとか5mでやってみよう。

●重さや枚数で競ってみよう。

●動物画のコンクールをしよう。

　拾ってきた落ち葉を使って動物の形をつくります。誰が1番上手かを決めてもいいし、クイズにしても楽しい。画用紙に貼って持ち帰り、教室に飾るのも素敵ですね。

林の中ゴルフ

日差しをさけて林の中で遊びましょう。コースを長くつくれば森林浴もかねたゲームになります。

ねらい こんな時に 林の中でゴルフができるなんて、子どもたちはきっとびっくりしますよ。

声かけ♥導入

みんなの赤白帽をカップ代わりにします。ビニールひもを1mくらいずつに切り、一定の間隔をおいて木の幹や枝にポケットになるように帽子を結びつけます。低学年なら、つける場所を教師が決めてあげてもいいでしょう。

おにぎりを包んでいたアルミホイルとか新聞紙を丸めてボールにします。まつぼっくりを拾ってきて使うのもいいですね。

展開

スタート地点から1人ずつボールを投げ、めあての帽子に入るまでの回数を競います。

教師は子どもたちの投数をメモしておきます。

結果♥発表

全員がコースを回り終わったら、草の上に腰を下ろして結果を報告しましょう。草花などで花飾りやメダルをつくって表彰式をやるのもいいですね。

効果◆発展◆アドバイス

●ビニール袋で大きなカップをつくり、紙皿を使ったフリスビーゴルフも楽しい。

●自分の帽子をどこにつけたか覚えておきましょう。

●外出先から学校へ戻りながらやっても楽しいでしょう。全員が終わった順に帽子をはずしていけば、ゲームが終了した時には後片づけも終了している、というわけです。

137

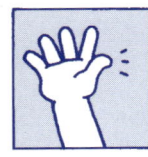

片手のつなひき

野山に行くと大きな声をだしたくなりませんか。
そんな時、つなひきはどうでしょう。

運動会でやるような大がかりなものでなく、簡単なつなひきです。あらかじめロープを用意しておくといいですね。

声かけ♥導入

　「つなひきをやろう」と声をかけ、ロープのちょうど真ん中に、ハンカチなどを結びつけて目印にします。

　地面に幅2mほどの平行の線を引き、線の中央にハンカチの位置を合わせて置きます。

　ロープの太さ（強さ）によって子どもたちをいくつかのチームに分けましょう。

展開

　最初の2チームが、向かい合ってロープのわきに立ちます。

　「ロープを持って」の合図で、子どもたちは腰を下ろし、片手（自分の利き腕でよい）でロープを持ちます。もう片方の手は肩より高くあげます。

　教師の合図（かけ声・笛）でつなひきスタート。

　「ワッセ、ワッセ」「オーエス、オーエス」など、大きな声を出してやりましょう。

結果♥発表

　ハンカチの位置が自チームの線を越えたら勝ちです。見学している子は、声援を送ったり、「手が下がってきたよ」などと注意してあげましょう。

効果◆発展◆アドバイス

●ロープが切れないように人数を考えよう。
●ロープがなければタオルやベルトでもやってみよう。

139

キャッチバスケット

秋の野山で拾った落ち葉でボールをつくってバスケットボールをやりましょう。シュートする人だけでなく、リング役の人の技術も問われるチームプレーのゲームです。

ねらい こんな時に

声かけ♥導入

　4、5人のグループに分け、グループごとに、落ち葉をビニール袋につめてボールをつくらせます。

　ガムテープで丸くボールの形にしてもいいし、なければ袋の口を縛っただけでもよい。

　各チームでリング係を1人決めます。地面に両足が入るくらいの円を書き、リング係はその中に立ちます。木の切り株や岩など少し高いものがあればその上に立ってもよい。

展開

　リングから2〜3m離れた所に円を書き、順番にその中からシュートをしましょう。上手投げでも下手投げでもかまいません。リング係が円から出ない（台から落ちない）ようにボールをキャッチできれば得点です。

結果♥発表

　1人3回投げて、全員の成功回数がチームの得点になります。全チームが終わったら順位を決めましょう。

効果◆発展◆アドバイス

●ルールもいろいろ考えよう

　リング係は肩の高さから手を下げてはいけない。手首をくっつけたままで動かしてはいけない。投げる人は後ろ向きで投げる。など

●ボールはアルミホイルを丸めてもいいし、まつぼっくりでもよい。その時は帽子をリング代わりに持とう。

つるしドッジボール

秋の野山で落ち葉ひろいをして、観察やスケッチを楽しんでから、それを使った遊びに発展させましょう。

秋以外は新聞紙などを利用して、自然の草花は使わないように工夫をしてください。

３ 野山に行ったらやりたい遊び

声かけ♥導入

　落ち葉をビニール袋につめてボールをつくり、木の張りだした枝に、地面から50ｃｍほど浮かせてつり下げます（木の回りが安全な地面であること）。

　そのボールを持ち、自分をコンパスにして足で円を書きます。

　鬼を１人決めたら、全員が円の中に入ります。

展開

　教師の合図で鬼は円の中に入り、ボールをみんなに当てます。よけてもキャッチしてもセーフですが、片足でも円から出たらアウトです。当てられた人は円の外に出ます。

結果♥発表

　全員アウトにするか、時間内に何人当てたかで交替しましょう。

効果◆発展◆アドバイス

●円に入る人数が多すぎると夢中になってぶつかることもあるでしょうから、あまり多くならない方がいいでしょう。

●太い輪ゴムをつないだひもにしても楽しい。

　この場合は円を大きめに書きます。ルールも、片足だけ、指先だけでも円の中に残っていればセーフとします。

●ボールを２個にして、鬼も２人にしてみよう。

1人攻撃の野球

ねらい こんな時に

野球をやりたくなったら少人数でもどこででもできます。これなら女の子にも、という野球です。雨の日の体育館でもおためし下さい。

声かけ♥導入

ボールがなければ、ビニール袋に古新聞や落ち葉などをつめてつくります。バットは要りません。

ホームベースを書き、そこから放射状に60度くらいの2本の線を引きます。塁間が同じになるように1塁と3塁を書きます。距離は子どもたちの走力に応じて変えてよい。

4、5人ずつのチームに分け、代表がジャンケンで順番を決めます。2番目のチームが内野の守備につき、3番目からのチームは外野にちらばります。

展開

この野球ではピッチャーはボールを投げません。バッターは、教師からボールを受けとってバッターボックスに入り、守備位置の間をねらって力一杯投げて1塁へ走ります。フライをとったらアウト。ゴロなら1塁へ投げ、バッターより早ければアウトです。盗塁・リードはなしとします。3アウトになったら内野のチームが攻撃、アウトになったチームは外野守備へ、外野のチームは内野守備に回ります。

結果♥発表

回を決めてやり、得点の多かったチームの勝ちとします。

効果◆発展◆アドバイス

●1人野球をしよう。

ベースは1塁とホームだけ。教師がキャッチャーになります。バッターはボールを投げたら1塁へ走り、ベースを踏んで（木にタッチして）ホームに戻ります。アウトになるまで続けます。

東西南北 どんぐりひろい

3 野山に行ったらやりたい遊び

ねらい こんな時に 秋の野山でどんぐりをたくさん拾ってから遊びましょう。ロープで引っぱったり引っぱられたり、応援にも熱が入ります。

声かけ♥導入

長いロープ２本のまん中をクロスさせるようにしばって、グラウンドに四方に広げるように置きます。

各ロープの先から１mの所に帽子を置き（４か所とも）、中央（ロープの結び目）あたりにどんぐりをまきます。

４チームに分けたら、各チーム最初の人がロープの先に外を向いて立ち、ロープの端を腰にしばりつけます。

展開

教師の合図で４人はいっせいにどんぐりを拾いに走り、何個でも（数が少なければ１個ずつと決めてもよい）自分たちの帽子に入れます。こぼれて入らなかったものを他の人が入れてはいけません。

誰かが帽子の近くまで寄れば他の人は引っぱられ、それだけ帽子が遠くなって入れにくくなります。

結果♥発表

どんぐりがなくなったところで交替。またどんぐりをまいて続けます。チームの合計数で順位を決めます。

１回ずつ勝者を決めてもよい。

効果◆発展◆アドバイス

●いろんな木の実を拾って、それぞれに得点をつけよう。数の少ないものなどは、得点を高くしよう（まつぼっくり10点など）。

●帽子を置く位置をもっと離してやってみよう。

くねくねジャンケン
陣とりゲーム

**ねらい
こんな時に**

広い砂浜にコースを書いて思いっきり駆け回りましょう。子どもたちの体力・好奇心によって、くねくねのラインは自由に書いて遊んでください。

**4
砂浜や川辺で楽しむ遊び**

声かけ♥導入

「くねくねジャンケンをしよう」と声をかけ、2つのチームに分けます。

線を引く棒や石（貝殻）を拾ってきます。

教師が足を置いた所に2人が棒を置き、バックしながらくねくねの線を引いてコースを書きます。

長さは自由。OKの所でスタートラインを引き、両チームがそれぞれのスタートラインに並びます。

展開

教師の合図で、両チームの1番走者が線の上を走ります。両者がぶつかった所で、止まってジャンケンをします。

勝った人はそのまま先に進み、負けた人は線から降りて、自チームの後ろに並びます。

負けたチームの2番走者はすばやくスタートして、相手の走者を少しでも遠くで止めましょう。

再びジャンケンして勝った人が先に進めます。

結果♥発表

相手チームのスタートラインまで早くたどり着いた方が勝ち。

効果◆発展◆アドバイス

●1度やってみると、コースづくりにも子どもたちの遊び心が出てくるでしょう。

水辺の水くみリレー

海や川、水辺に行くとどうしても水に足をつけたくなりますね。海や川に入って楽しんでから、水をくんで遊びましょう。

ねらい こんな時に
すべって転んだり、水に落ちないように、足元に気をつけることが大切です。

声かけ♥導入

　ペットボトルの数だけチームをつくり、各チームにボトルとヨーグルト容器を配ります。

　ヨーグルト容器がなければボトルのふたでもかまいません（この場合は小さい500mℓがよい）。

　水辺から5～10m離れた所にスタートラインを引きます。

　各チームはペットボトルを倒れないように足元の砂に少し埋めて立てます。

展開

　教師の合図で、1番走者が川（海）に走って容器に水をくんで戻り、ペットボトルに入れます。リレーで続けましょう。

結果♥発表

　全員が終わった時の量の多さで勝敗を決めてもいいし、時間を決めてやってもよい。

効果◆発展◆アドバイス

●あわてて水に足をとられないよう十分に注意しましょう。

●あらかじめボトルに絵の具などを入れておくと、水が入った時に色が変わって綺麗です。

海辺のダーツ

広い砂浜に立つと、大きな声を出して思いっきり遊びたくなります。

室内遊びのダーツを、ペットボトルを使って砂浜でやってみましょう。
力いっぱい投げると気持ちいいですよ。

声かけ♥導入

飲み終わったペットボトル容器を取りだし、「ダーツをやろう」と言って砂（または水）をつめます。子どもたちが振り回したり投げられる量で。

砂浜に大きな円を書き、その中に何重にも円を書きます。たくさんでもいいし、3重か4重程度でもいいでしょう。円の中心から順に高い点数をつけます。

子どもたちが投げて届くくらいの位置に50ｃｍほどの小さい円を書きます。

展開

1人ずつ順番に小さい円に入り、勢いをつけたり反動をつけてペットボトルを空高く投げ上げます。

結果♥発表

ペットボトルが落ちたところの数字が得点になります。1人3回ずつ投げて合計得点を競いましょう。

効果◆発展◆アドバイス

●順位を決めて表彰すると楽しいですね。
●砂や水を入れると重くなりますので、一度に何人も投げないこと。離れた場所で順番を待ちましょう。

152

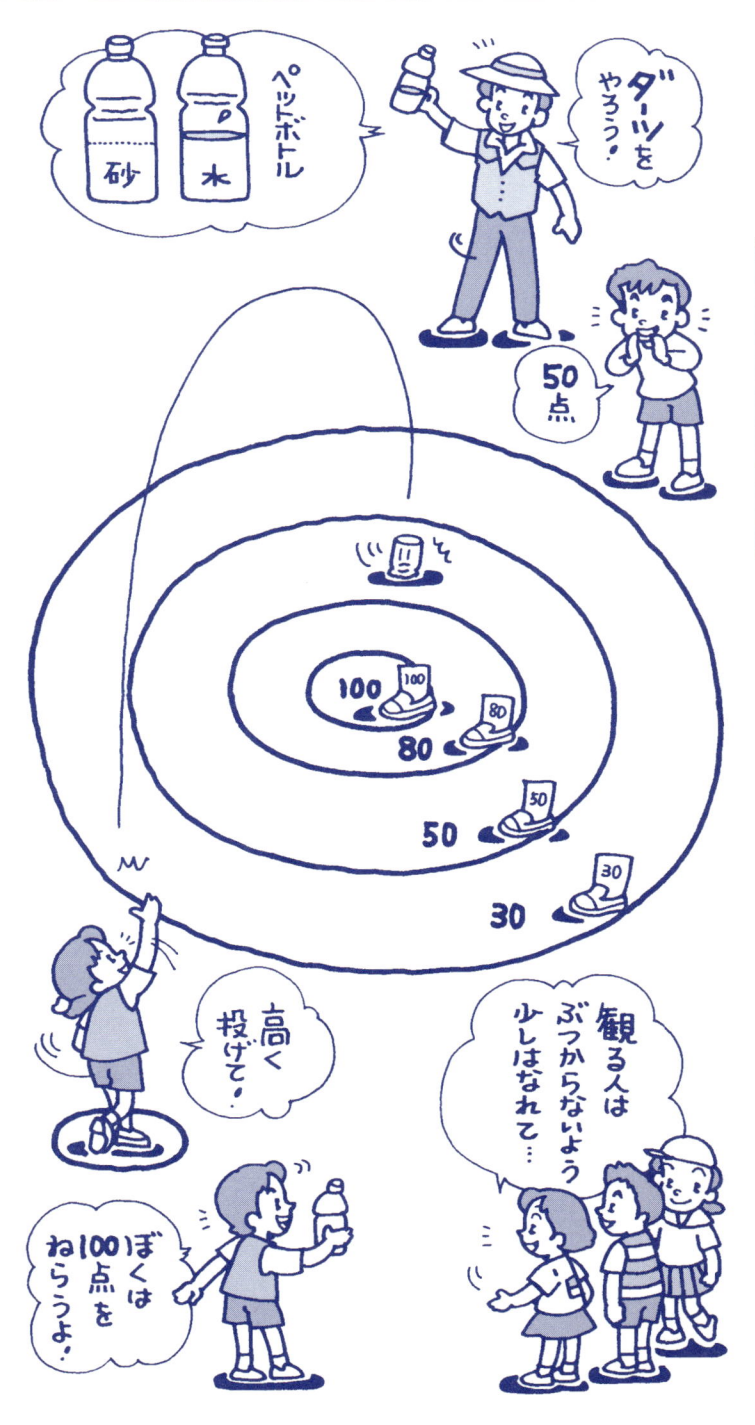

海辺のハンマー投げ

ねらい
こんな時に

砂や水は軽そうに見えて重いものです。
スーパーなどのビニール袋を用意しておくだけ
で、体力遊びができます。広い場所でやり
ましょう。見ている人は離れた場所で応援
してくださいね。

声かけ♥導入

ビニール袋を2、3枚出し、「これに砂をつめてハンマー投げのハンマーをつくろう」と誘います。砂をつめて口をしばり、何重にもして破れないようにしましょう。

砂の上に直径50cmくらいの円を書きます。

展開

まず教師がお手本を見せてあげてください。ハンマーを下げて円の中に立ち、回転しながらハンマーを遠くに投げます。ギャラリーは危なくないように離れた所で見ていましょう。

ハンマーが落ちたら、円の端からの距離を測ります。歩数で測ってもいいでしょう。

子どもたちが順番に投げて距離を競います。投げる時に円から出るとアウトです。もう1度投げるか失格にします。

結果♥発表

1回1回長さを測って、一番遠くまで投げた人を表彰しよう。合計の距離で順番を決めてもよい。

効果◆発展◆アドバイス

●砲丸投げをしよう

砂をつめて丸いボールにします。線を引き、そこから砲丸投げの要領で投げます。

水を入れても楽しい。袋は破れてもいいように多めに用意しておきましょう。

155

宝さがし海賊ビンゴ

海や川へ行く前、子どもたちに1つずつ海の生きものをダブらないように紙に書いてもらい、図のようなビンゴ用紙（3×3マス）を人数分つくっておきましょう。この他、授業の内容を生かしたアレンジも可能です。

4
砂浜や川辺で楽しむ遊び

声かけ♥導入

　生きものカードをたたんでフィルムケースに入れ、ふたをします。遠くに宝ゾーンを決め、フィルムケースを埋めて隠します。

　子どもたちにビンゴ用紙を配ります。全員が教師を囲んで座り、海の生きものの名前を9種類、ビンゴ用紙のマスに書きます。

展開

　教師の合図でいっせいに宝ゾーンに走り、フィルムケースを1つ探して戻ります。

　早く戻った順に並びましょう。順番にケースの中の紙を読みあげます。

　それぞれが自分のビンゴ用紙を見て、同じ名前があったら消していきます。

結果♥発表

　縦横斜めいずれかの列で2つ消えた人は、大きな声で「リーチ」と言って立って下さい。

　3つとも消せたら「ビンゴ」で上がりです。早く上がった順に勝ちとなります。

効果◆発展◆アドバイス

●絵が面倒なら数字だけでもよい。
●何度もやりたくなるので、ビンゴ用紙は多めに用意しておきましょう。

フィルムケース

ヒトデ

イソギンチャク

カニ

ヤドカリ

海の生きものカードをつくり砂にうめます

ヒトデ	カニ	マキガイ
フジツボ	ウミウシ	イソギンチャク
フナムシ	ヤドカリ	イルカ

ビンゴカードに海の生きものを9個かいてね。

見つけたぞ～！

ない～！

あれ～！

あっ！！

ぼくがいちばん！フィルムケースのカードは「ヒトデ」！

あった！

いいな～！

ヒトデ

157

凸凹サッカー
（でこぼこ）

ねらい こんな時に

広い場所に行ったらサッカーをやりたくなりますね。凸凹の砂浜や草原ならば、逆にそれを利用してボールも凸凹につくって遊びましょう。上手な子だけが楽しいサッカーじゃないよ。

声かけ♥導入

「サッカーをしよう」と誘い、ビニール袋に新聞紙などをつめてボールを硬めにつくります。

新聞紙を握り拳ほどの大きさに丸めたものを4、5個つくり、ボールの適当な位置にガムテープで貼りつけて凸凹にします。

砂浜に簡単なサッカーコートを書き、水筒や荷物を2つ置いてゴールにします。

展開

2チームに分けます。サッカーと同じルールでもいいですが、教師の判断で簡略化してもいいでしょう。

凸凹のボールですから、思ったようには進みません。

時間を決め、コートチェンジもしたりして遊びましょう。

結果♥発表

得点の多いチームの勝ちとします。人数が多い時はチームを多くしよう。

効果◆発展◆アドバイス

●大きめの四角い発泡スチロールの角を切りとってボールをつくると、体育館や校庭でも手軽に凸凹サッカーが楽しめます。
●トーナメントで今日の優勝チームを決めてもいいですね。学校へ帰ってからもきっとやりたくなりますよ。

新聞紙を中につめる

丸めた新聞紙の玉4〜5個をボールにはり、凸凹にする

ピ・!

いくぞ〜!

あれ・!

ゴール

ゴール

応用

発泡スチロールの角をけずってボールをつくり凸凹サッカーをやってもいいね!

発泡スチロール

カットする

スローイングゴルフ

麦わら帽子をボールがわりに、のんびりしたゴルフで遊びましょう。

クイズや問題も用意してバリエーションを広げるといいですね。

声かけ♥導入

「麦わら帽子を使ってゴルフをしよう」と声をかけます。スタートラインを引き、3〜5mほど離れた所に1から順番に旗を立てていきます。旗は割りばしでつくっておくといいでしょう。

なければ目印になる枝を立てるか、帽子が入るくらいの円を書いてもよい。

コースや旗の数は自由につくりましょう。

展開

順番を決めて1人ずつやろう。最初の人がスタートラインに立ち、旗に向かって麦わら帽子をフリスビーのように投げます。旗にかぶさるまでの回数を数えておいて下さい。円の場合は、円の中に入ったらカップインとします。

結果♥発表

全員が投げて、投げた回数の少ない順に順位を決めます。コースを全部回ったところで集計して、最後に順位を決めて表彰しましょう。

効果◆発展◆アドバイス

●教師があらかじめクイズを用意しておき、カップインした時に問題を出して答えられたら上がり、わからなかったり間違えたら最後に回ってもう一度ゴルフをやる、というルールもおもしろい。

問題は簡単な方がいいでしょう。

161

ビー玉夏競馬

競争は、自然と興奮し、夢中になるものです。ギャンブルはおすすめしませんが、遊びですから、拾った貝殻などを賭けて遊ぶといっそう楽しくなります。点とり表などもあるといいでしょう。

4
砂浜や川辺で楽しむ遊び

声かけ♥導入

「大きな砂山をつくろう」と声をかけ、まずは砂山づくり。できたら、空き缶などを使って山頂からコースをつくります（溝になるように削りとる）。

一度に6〜8人がスタートできるように山頂は平らにしておいて下さい。

展開

6〜8人ずつのグループに分け、最初のグループが各自ビー玉を持ちます。ビー玉は、誰のものかわかるように色分けするかイニシャルなどを書いておくといいですね。

教師は木の枝などをスタートラインにゲートのように置き、そこへ子どもたちがビー玉を置きます。

ゲートを上げるといっせいにビー玉が転がります。

いきおいあまってコースからはみだしたらアウト。団子になって止まってしまってもアウトとします。

結果♥発表

ゴールに早く着いた順に順位を決めます。表彰するか、貝殻など賭けた物をもらえるようにして遊んでみよう。

効果◆発展◆アドバイス

●狭い道・近道など、コースづくりも子どもと工夫して下さい。

●山は、水で湿らせながらつくるとよい。

163

大漁鬼ごっこ

砂浜などで、子どもたちに好きな魚になってもらい、海を意識した鬼ごっこをしましょう。魚の特徴の格好で泳いでもらうだけでも楽しいですね。魚になりきってやってみよう。

ねらい こんな時に

声かけ♥導入

　教師は足元に大きな円（つかまえた子どもを入れるびく）を書き、魚の逃げる範囲（海）を決めます。

　ジャンケンで鬼を2人決めたら、鬼は2人ではちまきの端を持って立ちます。

展開

　教師の「始め」の合図で、鬼は大きな声で10数えます。その間に魚（他の子ども）たちは遠くへ逃げましょう。

　鬼は、はちまき（網）を広げるようにして魚を追いかけ、はちまきにくるむようにつかまえて魚をびくに入れます。

結果♥発表

　全員をつかまえたら交替です。

　また、逃げ足の早い魚が多い時は、つかまえた魚を鬼の子分にしてもいいでしょう。鬼と同じように網を持って魚を追いかけます。

　今度は挟み撃ちもできるから魚は大変になります。

効果◆発展◆アドバイス

●はちまきがない時は、鬼が手をつなぐ「手つなぎ鬼」をしよう。ルールは同じでかまいませんが、つかまえた人を間に入れて鬼がどんどん長くなっていくと、より楽しくなります。

陣とりリレー
ジャンケン

ねらい こんな時に 広い場所でやってみましょう。なかなか勝負もつかないし盛り上がりますよ。コースも地形に合わせてつくればいっそう楽しめるでしょう。校庭でもできます。

5 元気いっぱい！フィールドの遊び

声かけ♥導入

地面に1周50〜100mの円（四角でもよい）を書いてコースをつくります。

スタートラインを引き、その前後1mの所にもラインを引きます。これが各チームの陣になります。子どもたちを2チームに分けます。

展開

まず第一走者の2人が、向かい合うようにスタートラインに立ちます。

教師の合図で、子どもは自分が向いている方向へ走ります（2人はそれぞれ逆方向に走ることになる）。

2人は出合った所で止まりジャンケン。勝った人はそのまま前に走ってよい。負けた人は大きな声で「負けた」と言って手をあげ、自陣に戻ります。

合図を受けた第二走者はすぐにスタートし、出合った所で再びジャンケン。これを繰り返します。

結果♥発表

勝ち続けて相手の陣に入りこんだ方の勝ちです。勝負がつかない時は、相手の陣に近い方を勝ちとしてもよい。

効果◆発展◆アドバイス

●コースの大きさは人数や学年・地形によって変えてください。

●相手に入りこまれないように、ジャンケンに負けたら次の走者はすぐスタートしましょう。

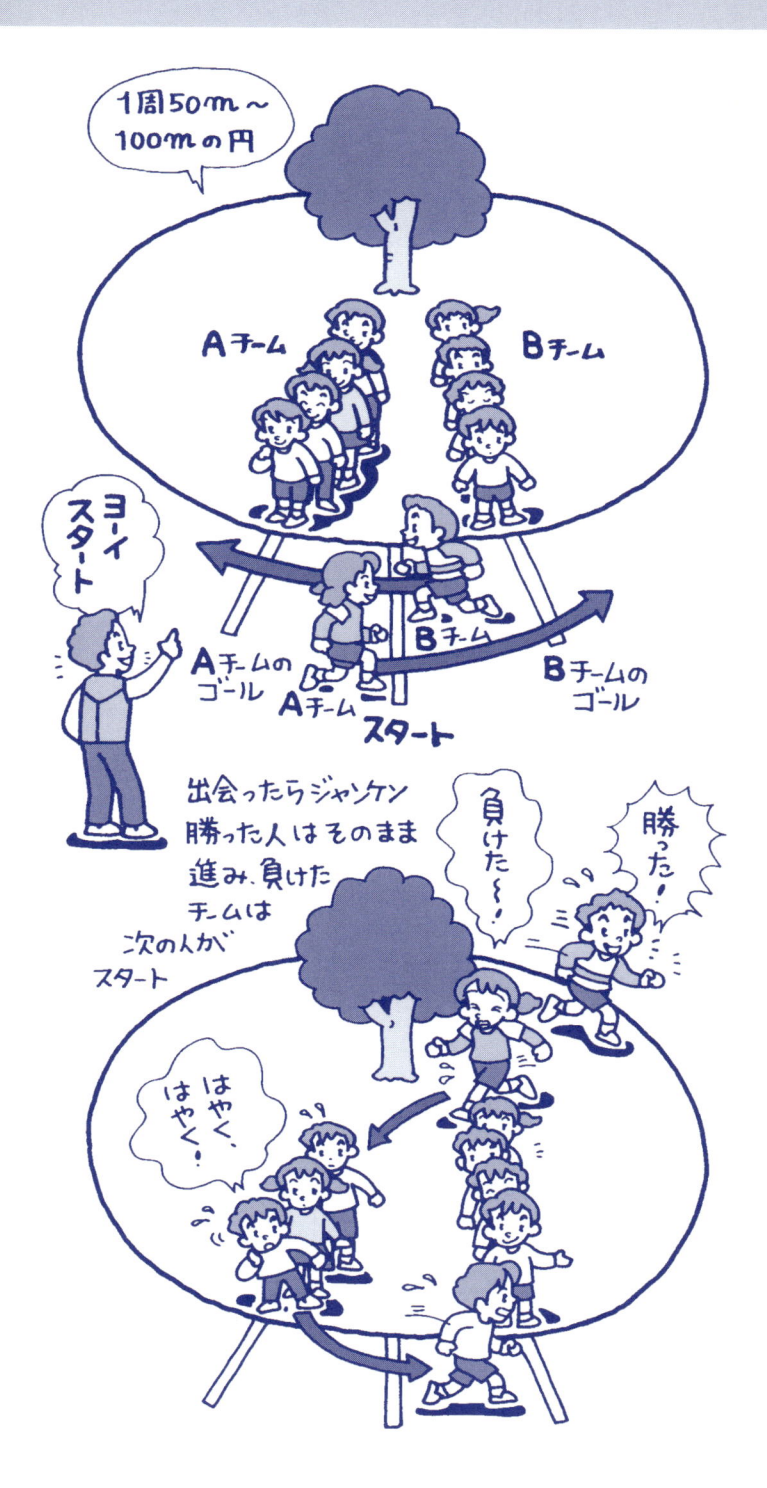

1周50m〜100mの円

Aチーム　Bチーム

ヨーイ スタート

Aチームの ゴール
Aチーム スタート
Bチーム
Bチームの ゴール

出会ったらジャンケン 勝った人はそのまま 進み、負けた チームは 次の人が スタート

負けた〜!

勝った!

はやく、はやく!

繁殖ビールス鬼

ねらい
こんな時に

エイリアンやゾンビが襲いかかる映画のシーンなどを見ていると、自分が逃げ回っているような錯覚にとらわれることがあります。そんな体験のできる鬼ごっこです。林の中でやれば、もっと雰囲気がでます。

声かけ♥導入

「鬼ごっこをしよう」と声をかけ、全員に赤白帽の白い方をかぶってもらいます。

ジャンケンなどで鬼を決めたら、鬼は帽子を赤にかえてかぶります。

展開

教師の合図で子どもたちは原っぱにちらばります。木の影などに隠れてもかまいません。

鬼は10とか50数えてからみんなをつかまえに行きます。

逃げる人の体のどこかにタッチすればアウト。その人も帽子を赤にかえて鬼になります。

鬼の数がどんどん多くなっていきます。

結果♥発表

全員が赤帽子になったら終わりです。最初につかまった人が鬼になってまたゲームを続けましょう。鬼が「1、2、3」と数え始めたら、みんなは帽子を白にして逃げます。

効果◆発展◆アドバイス

●林の中でやってみよう。かくれんぼのようになりますから、いっそうハラハラドキドキ、楽しいゲームになりますよ。まるでゾンビに追われているみたいな気分です。

紅白チーム対抗 鬼ごっこ

5
元気いっぱい！フィールドの遊び

ねらい こんな時に 追いつ追われつの展開は、立場が逆転する楽しみがありますね。子どもたちが追う側になったり追われる側になって遊ぶ鬼ごっこです。

声かけ♥導入

　赤組・白組の2チームに分けて、赤白帽をかぶります。原っぱの中心から左右50mずつ離れた場所に円を書いて安全地帯をつくります。

　原っぱの中央あたりに集まり、両チームから1人ずつリーダーを決めて下さい。

展開

　リーダーどうしがジャンケン。勝った方は大きな声で「勝ったー。つかまえろー」と仲間に伝え、負けた方は「負けた。逃げろー」と仲間に伝えます。それを合図に鬼ごっこ開始です。

　負けたチームは、左右どちらでもいいのですばやく安全地帯に逃げこみましょう。

結果♥発表

　途中でつかまったらアウト。座っていましょう。みんながつかまるか安全地帯に入って決着がついたら、再びリーダーがジャンケンをして続けましょう。

効果◆発展◆アドバイス

●足の遅い子などは安全地帯の近くにいてもよいが、他の人は中央から始めるようにします。

●帽子がない時は、落ち葉やどんぐりを持ってやるとよい。つかまえてみるまで相手が敵か味方かわからないのが、この場合の楽しさです。

ケンケンジャンケン鬼ごっこ

広い場所がなくてもできる鬼ごっこです。その割に、ケンケンでやりますから運動量も豊富です。雨の日の体育館でもおためし下さい。

声かけ♥導入

　原っぱやグラウンドに図のような陣地（逃げるスペース・おり・安全地帯）を書きます。

　2つのチームに分けます。

展開

　両チームから1人ずつ中央に出て、線をはさんでケンケンしながら向かい合います。

　ジャンケンをし、負けた人はケンケンで味方エリアの安全地帯に逃げます。逃げこんだらセーフ。途中でつかまったらアウトで、相手チームのおりに入れられてしまいます。

結果♥発表

　順番に1人ずつやって、多く相手をつかまえたチームの勝ちとします。

　勝ち抜きにするならチームに分けなくてもいいし、おりもなくていいでしょう。

効果◆発展◆アドバイス

●代表ジャンケン鬼

　4、5人のチームをたくさんつくります。チーム全員が中央の線をはさんでケンケンで立ち、代表がジャンケン。その勝負に合わせたゲームをします。残った人数の代表で繰り返し勝負をします。トーナメントで勝ち抜き戦をやろう。

173

後押しずもう

ねらい こんな時に

チームプレーの押しずもうをやってみましょう。助け合い協力しあってやるすもうですから仲間づくりにもおすすめです。みんなでアイデアを出し合って、強そうな四股名も考えてみてください。

5 元気いっぱい！ フィールドの遊び

声かけ♥導入

　「おしずもうをやろう」と子どもたちを集めましょう。教師が行司になって、3、4人ずつのチームに分けます。

　地面に直径2mほどの土俵を書きます。

　チームごとに四股名を決めると、よりいっそう気分も出るでしょう。

展開

　順番を決め、2組が縦1列になって土俵に上がります。

　行事の「見合って見合って」「よーい」などの声で、先頭の人どうしが手の平を合わせます。他の人たちは前の人の肩（背中）に手をおきます。

　「はっけよい、のこった！」の合図で押しずもうを始めます。

結果♥発表

　押し出された方のチームが負けです。トーナメントでやって優勝チームを決めよう。

効果◆発展◆アドバイス

●土俵を大きく書いて、一度に4、5チーム、あるいは全チームが入って一緒にやってみよう。この場合は最後まで残ったチームの勝ち。逃げるのも作戦のうちです。

175

仲間分け鬼ごっこ

動物・鳥・魚チームに分かれて鬼ごっこをしよう。ここでは赤白帽を紹介しますが、「動物カード」をつくっておくのもいいですね。

5 元気いっぱい！ フィールドの遊び

声かけ♥導入

地面に図のような陣地を書きます。中央の三角地帯は鬼ごっこができるくらい広くスペースをとりましょう。

動物・鳥・魚の3チームをつくり、赤白帽で分けます。

（例）動物チーム（赤）　鳥チーム（白）
　　　　　魚チーム（かぶらない）

動物カードがあれば各チーム全員にカードを配ります。

展開

各チームのリーダーは中央に集まり、他の人たちは回りにちらばりましょう。リーダーどうしがジャンケンをして、勝ったチームが鬼になります（例：魚）。

鬼チームのリーダーは、大きな声で「魚」と、自チームの名前を叫びます。鬼以外のチーム（この場合は動物・鳥）は、いくつかつくっておいた安全地帯に逃げこみます。つかまったらおりに入れられてしまいます。時間をおいて再びジャンケン。鬼が交替になってゲームを続けます。

結果♥発表

全員つかまったチームは負け。最後に残ったチームの勝ちです。

効果◆発展◆アドバイス

●つかまえられるチームをそれぞれ1つずつにしてみよう。（例）動物は鳥をつかまえられる。
　　　　　鳥は魚をつかまえられる。
　　　　　魚は動物をつかまえられる。

177

冷凍人間、解凍鬼ごっこ

ねらい こんな時に 仲間を助けたり助けられたりする鬼ごっこです。友だちづくりにもいいですね。広い原っぱなどで楽しくやってみよう。

5 元気いっぱい！フィールドの遊び

声かけ♥導入

ジャンケンなどで鬼を決めます。遊び方はみんながよく知っている鬼ごっこと同じで、鬼が逃げる子をつかまえます。

違うのは、つかまった子が瞬時に冷凍人間になる、ということです。時間が止まったように、足を開いてその場でカチカチになって止まります。

展開

鬼は次々につかまえて冷凍人間にしていきます。

ただし、仲間（鬼以外の人）が冷凍人間の股の下をくぐったら解凍して動けるようになります。動けたらまたすぐに逃げます。

助ける人は、助けようとすると自分の身も危険になるので、状況判断をしながら助けましょう。

結果♥発表

全員つかまえるのは大変でしょうから、時間を決めてやり、多くつかまえた人の勝ちとします。

効果◆発展◆アドバイス

●山や海それぞれの自然に合わせて解凍方法を考えてみよう。「早口ことば」「一句つくる」「落ち葉や石を拾って冷凍人間に渡すと解凍する」など、いろいろやってみよう。

179

押し出しチームずもう

5 元気いっぱい！フィールドの遊び

おしくらまんじゅう・かごめかごめなどは、いつの時代でも楽しめる遊びです。みんなが力を合わせてやるからでしょう。
すもうにもみんなでやるものがあっていいですよね。

声かけ♥導入

「力を合わせてみんなですもうをとろうよ」
と子どもたちに声をかけ、5、6人のチームに分けます。
地面に図のような仕切り線と土俵線を書きます。

展開

2チームが土俵に上がり、仕切り線をはさんで向かい合います。

合図で、敵味方が1人おきに仕切り線の上で横1列に並びます（体は交互に逆を向くことになる）。

「用意」の合図で隣どうしが腕を組み、「始め」の合図でそれぞれが前に進みます。

「わっしょい、わっしょい」と声をかけあってにぎやかに遊びましょう。

結果♥発表

チームの誰かが土俵線を踏んだら勝ちです。トーナメントでやって、優勝チームを決めましょう。

効果◆発展◆アドバイス

●力もちの子をどこにおいたらいいかなど、並び順を考えよう。
●校庭に大きな円を書いてやってみよう。くるくる回るのも作戦の1つになって楽しいですよ。

5人6脚レース

ねらい こんな時に

チームワークよく遊びましょう。班ごと、チームごと、力を合わせてやることの楽しさ、達成感の喜びをみんなで味わってもらえたらいいですね。

運動会の練習としてもいいですし、ギネスレコードに挑戦するのもいいかも。

声かけ♥導入

「5人6脚レースをやろう」と声をかけ、5人ずつのチームをつくります。

並び順を決めたら横1列に並び、隣の人の足首と自分の足首をはちまき（タオル）でしばります。背の高い人、足の早い人などを考えて並び順を考えるといいですね。

スタートラインとゴールラインをひいて直線コースをつくります。

展開

2チームずつスタートラインに並び、「よーい、ドン」の合図で足並みをそろえて走ります。

転んだら、起きてその場からまた走ればよい。はちまきがほどけたら、その場でしばり直してから走ります。

結果♥発表

早くゴールしたチームの勝ちです。

勝ったチームどうしがトーナメントで競って順位を決めましょう。

効果◆発展◆アドバイス

●30人31脚にもチャレンジしてみよう。クラス全員でギネスの記録を破れるかな？

【プロフィール】
木村　研 （きむら　けん）

1949 年　鳥取県生まれ
児童文学作家　日本児童文学者協会会員　牛の会同人　おはなし散歩の会会員
2012 年ドイツ児童文学賞絵本部門ノミネート＆「金の本の虫賞」受賞
（『999 ひきのきょうだいのおひっこし』）

【著書】
「999 ひきのきょうだい」シリーズ（ひさかたチャイルド）
『わくわく！びっくり！かんたん手づくり絵本』（チャイルド本社）
『一人でもやるぞ！と旅に出た』『おねしょがなおるおまじない！』
『おしっこでるでる大さくせん！』（以上、草炎社）
『わすれんぼうのぼう』（草土文化）
『子育てをたのしむ手づくり絵本』
『遊ばせ上手は子育て上手』（以上、ひとなる書房）
「ゆびあそび」シリーズ、
「能力アップ！子どもとつくるおもちゃ」シリーズ（以上、星の環会）
『手づくり工作レクリエーション』『超速ショートレクリエーション』
『まるごとバスレク　100 倍楽しむ本』（以上、いかだ社）　など多数

イラスト●種田瑞子 （たねだ　みすこ）
横浜市生まれ。桑沢デザイン研究所を卒業後、現在フリーのイラストレーター。
ジャンルを問わず幅広い分野で活躍中。

DTP ●渡辺美知子デザイン室

準備いらずのクイック教室＆外遊び 大集合 BOOK

2015 年 3 月 12 日　第 1 刷発行

編著者●木村　研ⓒ
発行人●新沼光太郎
発行所●株式会社いかだ社
〒 102-0072　東京都千代田区飯田橋 2-4-10　加島ビル
Tel.03-3234-5365　Fax.03-3234-5308
E-mail info@ikadasha.jp
ホームページ URL http://www.ikadasha.jp/
振替・00130-2-572993

印刷・製本　株式会社ミツワ

乱丁・落丁の場合はお取り換えいたします。
ISBN978-4-87051-443-0